완밥하는 아기로 키우는 비밀

ⓒ 곽윤철, 2025

이 책의 저작권은 저자에게 있습니다.
저작권법에 의해 보호를 받는 저작물이므로
저자의 허락 없이 무단 전재와 복제를 금합니다.

0~2세 정서가 쑥쑥 자라는 수유·이유식의 모든 것

완밥하는 아기로 키우는 비밀

· 곽윤철 지음 ·

북라이프

완밥하는 아기로 키우는 비밀

1판 1쇄 인쇄 2025년 8월 18일
1판 1쇄 발행 2025년 8월 25일

지은이 | 곽윤철
발행인 | 홍영태
발행처 | 북라이프
등   록 | 제2011-000096호(2011년 3월 24일)
주   소 | 03991 서울시 마포구 월드컵북로6길 3 이노베이스빌딩 7층
전   화 | (02)338-9449
팩   스 | (02)338-6543
대표메일 | bb@businessbooks.co.kr
홈페이지 | http://www.businessbooks.co.kr
블로그 | http://blog.naver.com/booklife1
페이스북 | thebooklife
인스타그램 | booklife_kr
ISBN 979-11-91013-97-9   13590

* 잘못된 책은 구입하신 서점에서 바꾸어 드립니다.
* 책값은 뒤표지에 있습니다.
* 북라이프는 (주)비즈니스북스의 임프린트입니다.
* 비즈니스북스에 대한 더 많은 정보가 필요하신 분은 홈페이지를 방문해 주시기 바랍니다.

비즈니스북스는 독자 여러분의 소중한 아이디어와 원고 투고를 기다리고 있습니다.
원고가 있으신 분은 ms2businessbooks.co.kr로 간단한 개요와 취지, 연락처 등을 보내 주세요.

완벽한 양육이 아닌

아기에게 진심이 전달되는

근사한 양육을 응원합니다.

프롤로그

양육 문맹에서 벗어나는
육아의 지혜

"아이를 키우는 일은 정원을 가꾸는 것과 같다.
물을 주고 영양분을 공급하지만 성장은 내부에서 일어난다."
_ 프리드리히 프뢰벨

'양육 문맹'이라는 말을 들어보셨나요? 양육 문맹은 현대 부모들이 책, 인터넷, SNS, 육아 앱 등을 통해 접한 과다한 정보 속에서 양육의 본질을 놓치고 혼란을 겪는 현상을 말합니다. 아기를 잘 키우고 싶은 마음은 누구보다 간절한데 정보가 너무 많아 도리어 방향을 잃고 헤매는 부모들. 이것이 바로 오늘날 우리가 마주한 새로운 양육 문제입니다.

양육 문맹 현상의 핵심은 정보 부재가 아닌 정보 과잉과 이를 소화하는 능력의 부족에 있습니다. 많은 부모가 상충되는 정보로 인해 길을 잃곤 합니다. 전문가의 조언과 이웃 엄마의 경험담에 휘둘리다 보면 자신만의 직감과 아기의 고유한 리듬은 어느새 사라져 버립니다. 특히 첫 아기를 키우는 부모는 완벽한 양육을 추구하는 과정에서 더 큰 혼란과 불안을 경험하기도 합니다.

'이것이 맞는 방법일까?'
'다른 엄마들은 어떻게 하고 있을까?'

끊임없이 질문하고 비교하다가 자신감을 잃기도 하지요.
양육 문맹은 부모의 불안과 스트레스를 증가시킬 뿐만 아니라 아기와의 자연스러운 교감을 방해하는 요소가 됩니다. 특히 매뉴얼에 의존한 양육은 아기의 개별적인 신호와 요구에 민감하게 반응하는 능력을 약화시킬 수 있습니다. 정보 자체는 나쁘지 않습니다. 문제는 그 정보를 누구의 관점으로 어떤 방식으로 받아들이느냐에 있습니다.

이런 현상을 극복하기 위해서는 부모가 정보를 비판적으로 수용하고 자신의 상황과 아기의 특성에 맞게 해석하는 '양육 리터러시'parenting literacy 능력을 키우는 것이 중요합니다.

양육 리터러시는 양육 문맹의 반대 개념으로 부모가 다양한 양육 정보를 효과적으로 이해하고 활용할 수 있는 능력을 의미합니다. 전문가의 조언과 내 아기의 반응 사이에서 균형을 찾고, 시대의 트렌드와 우리 가족의 가치 사이에서 조화를 이루며, 완벽한 부모가 되기보다 충분히 좋은 부모로 살아갈 수 있도록 돕는 힘이 됩니다.

　수유와 이유식은 양육 리터러시가 가장 실질적으로 요구되는 영역 중 하나입니다. 많은 부모가 아기에게 잘 먹이고 싶다는 바람을 가지고 있지만 정보에만 집중한 나머지 정작 먹는 주체인 아기의 감정과 행동을 읽고 해석하려는 시도는 부족한 경우가 많습니다. 아기는 울음, 고개 돌리기, 입을 꾹 다무는 행동 등을 통해 '먹고 싶다', '먹기 싫다'는 감정을 표현합니다. 이처럼 아기의 행동은 감정과 욕구를 담은 언어이며, 이를 이해하고 존중하는 태도가 바로 제가 이 책에서 말하고 싶은 '인격적 수유와 이유식'입니다. 아기에게 먹는 양보다 더 중요한 것은 '누구의 관점으로, 어떻게 먹이는가'입니다.

　인격적 수유와 이유식은 아기에게 먹는 경험을 편안하고 즐거운 것으로 학습시키는 과정입니다. 강요나 통제가 아니라 아기가 스스로 먹고 싶은 욕구를 느끼고 배부름을 인식하며 멈출 수 있도록 돕는 것입니다. 이런 과정을 통해 아기는 '스스로 잘 먹는 아기'로 자라게 됩니다.

　이 책에서 말하는 '완밥'은 단지 한 그릇을 뚝딱 비우는 것을 의미하지 않습니다. 부모의 기준에서 양껏 먹였다는 만족이 아니라 아기의 관점에서 재정의되어야 합니다.

<u>아이가 먹고 싶은 음식을 선택할 줄 알고</u>
<u>배부르면 멈출 줄 알고</u>
<u>일정한 리듬에 따라 스스로 식사할 수 있는</u>
<u>주체적이고 조절 가능한 능력을 갖는 것.</u>

완밥은 부모의 목표가 아니라 아기의 성장 과정에서 자연스럽게 나타나는 결과입니다. 이를 위해 필요한 것이 인격적 수유와 이유식, 그리고 그 과정에 깃든 양육 리터러시입니다.

양육은 완벽하게 해내야 하는 일이 아니라 부모와 아기가 함께 시행착오를 겪으며 성장하는 여정입니다. 그 여정의 출발점에 서 있는 지금, 당신은 이미 충분히 좋은 부모입니다. 이 책이 정보의 바다에서 부모가 다시 자신의 직관을 믿고 아기의 목소리에 귀 기울일 수 있도록 돕는 길잡이가 되었으면 합니다.

식탁 위에서 피어날 작은 기적을 기다리며

곽윤철

육아가 특별해진 부모들 이야기

● 지금껏 '엄마라면 이렇게 해야 한다'라는 강박에 민지가 불편하거나 실패하지 않게 도와주는 것이 사랑이라고 믿었어요. 그런데 그게 민지를 위한 것이 아니라 저의 불안과 조급함을 달래기 위한 선택이었음을 깨달았습니다. 소장님께 '아이는 스스로 해낼 수 있는 존재'라는 말을 들었을 때 머리보다 가슴이 먼저 반응했어요. <mark>아기에게 주도권을 주는 것이야말로 진짜 신뢰라는 것을</mark>, 그 믿음이 아기를 자라게 한다는 것을 처음으로 체감했어요. 배운 그대로 식탁 앞에 앉아 민지에게 말을 걸었습니다.
<mark>"오늘은 네가 해볼래?"</mark> 처음엔 제 마음이 더 떨리더라고요. <mark>그런데 민지는 놀랍도록 당당했습니다.</mark> 자신의 손으로 음식을 만지고, 냄새를 맡고, 입으로 가져가는 그 모든 과정이 마치 '나는 할 수 있어요'라고 말하는 것 같았어요. 그 순간 '양육'이란 단어가 전보다 훨씬 더 다정하게 느껴졌습니다. 무언가를 해주는 것에서 함께 기다려 주는 것으로, 가르치는 것에서 발견하게 해주는 것으로. 그렇게 제 안의 부모 됨이 조용히 바뀌기 시작했어요. 소장님의 가르침은 단지 이유식의 기술을 배우는 시간이 아니었습니다. 아기라는 존재를 다시 보고 부모로서 나를 다시 마주하는 귀한 시간이었습니다.

_ 11개월 민지 엄마

● 저희 부부는 결혼 후 5년 동안 요리에 관심이 없었기에 처음 아내가 "이유식을 직접 해보고 싶다"라고 말했을 때 놀랐습니다. 하지만 정성껏 준비한 이유식을 윤재가 거부하거나 흥미를 보이지 않을 때마다 아내는 전쟁을 치르는 듯했어요. 그러던 중 소장님 유튜브 채널에서 '자기 주도 이유식' 개념

을 알게 됐고 저희에게 꼭 필요하다는 생각에 소장님 도움을 받게 됐습니다. 수업을 듣고 저희 부부는 이유식을 다시 바라보기 시작했습니다. 아기에게 음식을 먹이는 게 아니라 아기가 스스로 탐색하고 선택하도록 '기회를 준다' 라는 철학에 감동해 이전보다 훨씬 부드럽고 안정된 태도로 윤재와 상호 작용하고 있어요. 이유식 시간은 더 이상 전쟁터가 아닌 가족 모두가 웃는 시간이 되었습니다. 단순히 이유식 먹이는 법을 배운 것이 아니라 엄마의 마음을 다시 숨 쉬게 해주고, 아빠로서 제가 아내를 어떻게 응원하고 지지할 수 있을지도 생각하게 해준 시간이었습니다.

_ 8개월 윤재 아빠

◎ 부모님은 유독 음식 앞에서 엄격하셨어요. 음식을 남기지 말고 배불러도 먹어야 한다고 하셨죠. 아마도 먹고살기 힘들었던 시절 기억 때문이 아닐까 싶어요. 억지로 먹었던 경험 탓에 20대에는 스트레스 받으면 폭식을 해서 건강을 해치기도 했어요. 그래서 용재에게는 '먹는 건 즐거운 거야'라는 긍정적인 경험을 하게 해주고 싶었습니다. 용재는 입을 잘 벌리고 잘 먹지만 스스로 먹으려는 의지나 숟가락에 대한 호기심이 부족했어요. 교감이 안 되는 걸 느끼던 찰나에 소장님께 '이유식은 아기와 음식의 소개팅'이라는 이야기를 듣게 됐습니다. 시간을 들여서 용재가 음식을 탐색하게 두었더니 시간이 오래 걸려도 스스로 다 먹더라고요! 이제 이유식 시간이 즐거워졌어요.

_ 11개월 용재 엄마

◎ '존중하는 양육'을 하고 싶어서 소장님의 가르침대로 출산 직후부터 하윤이 곁에서 배부른 수유를 하고, 이유식도 하윤이가 원하는 음식을 원하는 만큼 먹을 수 있게 두었어요. 그 덕분에 하윤이는 자신이 무엇을 원하고 어떤 감정이 드는지 정확히 알고 표현하는 아이로 자랐어요. 또 자신이 존중받은

만큼 엄마, 친구, 선생님의 말을 귀 기울여 듣고 존중할 줄도 알아요. 하윤이가 성인이 되기까지 긴 여정이 남았지만 제 양육이 불안하지 않습니다. 하윤이도 저도 어떤 상황에서도 잘 해내리라는 자신감이 있어요.

_ 8세 하윤 엄마

● 진리는 중증 자폐 증상이 있어요. 계단 앞에서 마지막 새끼 오리가 올라오기를 조용히 기다려 주는 엄마 오리처럼 저도 진리를 끝까지 믿고 기다려 주고 싶었습니다. 하지만 현실에서 저는 너무 자주 조급했고 명분을 앞세워 쉽게 포기하는 쪽을 선택하곤 했지요. 그러던 중 소장님의 이유식 수업을 들으며 다시금 '엄마만이 줄 수 있는 믿음, 기다림, 시선'의 가치를 마음 깊이 새기게 되었습니다. 이제 진리는 식탁에 앉으면 다양한 식재료에 관심을 갖고 직접 먹어 보려고 해요. 호기심 가득한 눈빛으로 그릇 위를 스캔하는 모습은 그 자체로 제게 기적 같습니다. 예전엔 '먹일 게 없다', '먹고 싶은 것만 겨우 먹는다'라며 푸념했는데 이제는 기억조차 흐릿합니다. 그만큼 지금은 이유식을 하며 진리와 나누는 유대가 깊고 풍성해졌어요.

_ 9세 진리 엄마

● 한동안 준서가 분유 수유를 거부했어요. 때문에 저는 수유 시간에 늘 긴장했고 '이건 먹어 줄까?', '또 거부하면 어쩌지?' 같은 걱정이 머릿속을 떠나지 않았습니다. 준서가 배고픈지 배부른지조차 확신이 없었어요. 수유할 때 제가 옆에 준서에게 부담이 될까 봐 멀찍이서 마음만 졸이며 기다렸죠. 그런데 소장님의 코칭을 통해 엄마의 역할이 어떤 의미인지 배운 후 수유 시간이 완전히 달라졌습니다. 처음으로 준서를 바라보며 제가 먼저 숨을 고르고 기다려 주기로 마음먹었어요. 억지로 먹이려 하지 않고 준서의 신호를 믿기로 했습니다. 그랬더니 신기하게도 제가 염려하던 수많은 문제가 자연스럽게 사

라졌어요. 지금은 수유 시간이 '잘 먹이는 시간'이 아니라 '함께 연결되는 시간'이 되었고 저는 그 안에서 진짜 사랑이 무엇인지 느끼고 있어요. 수유가 다시 시작된 게 아니라 엄마로서 저의 마음이 새롭게 시작된 것 같아요.

_ 3개월 준서 엄마

◉ 이유식 초기라 아직 음식 종류가 많지 않지만 지안이가 새로운 식재료를 손으로 만져 보고, 직접 입으로 가져가는 과정 자체를 참 좋아하는 것 같아요. 그 모습을 바라보는 것만으로도 가슴이 벅차고 행복해집니다. 작은 손으로 탐색하고, 놀라고, 스스로 시도해 보는 순간들이 하나하나 선물처럼 느껴져요. 소장님 수업을 들으며 가장 크게 와 닿았던 건 이유식은 '단지 음식을 아기 앞에 두는 것이 아니라 아기가 자신의 리듬과 방식으로 세상을 만날 수 있도록 기다려 주는 용기다'라는 걸 머리가 아닌 마음으로 느끼게 되었어요.

_ 6개월 지안 엄마

◉ 소장님께 처음 이유식 코칭을 받았을 때 제가 유윤이에게 컵을 안 주고 꽉 잡고 있었던 모습이 아직도 생생합니다. 코칭을 받은 대로 컵에 물을 조금만 담아서 유윤이에게 주고 물을 쏟아도 지켜봤어요. 닦고 다시 따라 주며 반복했더니 어느 순간 유윤이가 혼자서 컵을 들고 마시네요! 최근에 칫솔질도 시작했는데 유윤이가 제 손에서 칫솔을 빼앗아 혼자 양치질을 하려고 할 때 아차 싶었습니다. 제가 또 유윤이를 통제하고 있더라고요. 그 순간 '아기는 스스로 능력이 있으니 기회를 주라는 말이 이거구나' 하는 마음이 들었어요. 하루하루 유윤이가 스스로 성장해 가는 모습을 보면 신기하고 감동스럽습니다.

_ 10개월 유윤 엄마

◉ 소장님 코칭 이후 작은 변화가 하나둘 나타나기 시작했어요. 예전에는 제

가 항상 시우의 손에 숟가락을 쥐여주고 도와줬는데, 이번엔 그동안 사용하던 얇고 긴 숟가락 대신 짧고 납작해서 시우가 스스로 들기 편한 숟가락을 쥐봤어요. 그랬더니 신기하게도 시우가 직접 숟가락을 들고 입에 가져가더라고요. 음식을 숟가락에 떠서 이유식 식판 위에 올려놓기만 해도 알아서 집어 먹는 모습이 너무나도 기특하고 감동적이었어요.

코칭 시간에 들었던 '물 먹기 연습은 투명 컵으로'라는 말도 기억나서 바로 실천했습니다. 처음 며칠은 물컵 안에 손을 넣고 물장난만 쳤는데 어느 순간 한두 모금씩 마시기 시작하더니 오늘은 드디어 컵에 입을 대고 꿀꺽꿀꺽 마셨답니다! 그 모습을 보고 얼마나 기쁘던지 괜히 눈시울이 붉어졌어요. 이유식이 단순히 먹는 훈련이 아니라 시우가 스스로 해내고 부모가 믿고 기다려주는 연습이라는 걸 다시금 느꼈어요. 작은 시도 하나하나가 이렇게 큰 기쁨으로 돌아올 수 있다니 시우도 저도 함께 자라고 있다는 걸 느낍니다.

_ 9개월 시우 엄마

로아의 모유 수유를 무사히 할 수 있었던 건 소장님 덕분입니다. 로아를 낳기 전까지 저와 남편은 육아 백지 상태였어요. 남편 흉보는 것 같아서 누구한테 말도 못했지만, 로아가 생후 50~70일경에 남편은 퇴근하고 오면 육아 못하겠다고 힘들다면서 한두 시간만 보고 자버렸어요. 로아가 새벽 3시까지 기를 쓰면서 울고 안 자는 날도 있고, 늘 안겨서 잠들었기에 남편이 많이 힘들어했습니다. 그랬던 남편이 로아가 70일 되던 날 소장님을 만나고는 로아한테 미안하다고 왜 그랬는지 모르겠다며 육아에 최선을 다하는 모습으로 바뀌었습니다. 어제 남편이 '육아가 재밌다'는 말을 했어요. 소장님 유튜브 영상을 공유해 주면서 같이 반성하고, 우리 이렇게 키우자고 상의하고 실천하면서 지금까지 왔네요. 무엇보다 남편 마음이 평온해져서 기쁩니다.

_ 28개월 로아 엄마

◎ 소장님께 코칭을 받은 건 저와 남편이 육아 휴직을 마치고 복귀를 한 달 앞둔 시점이었어요. 복직하면서 시터 이모님과 친정 부모님께 룩하를 맡겨야 했기에 걱정이 앞섰습니다. 그래서 소장님께 생체 리듬을 만드는 교육을 받았어요. 아침에 기상하면 세수와 엉덩이 씻기, 먹고 놀다가 졸려 하는 신호가 있으면 룩하 방에 들어가기, 양치질과 책 읽어 주고, 혼자 침대에서 뒹굴뒹굴 놀다가 잠들기 루틴을 통해 잘 크고 있습니다. ==소장님 코칭대로 시터 이모님께서 매일 시간표를 작성해 저희 부부가 퇴근 후에도 룩하의 패턴을 한눈에 알 수 있게 메모해 주셨고요.== '아기가 크면 알아서 잘 자고 잘 먹을 텐데 코칭을 왜 받냐'는 사람도 있겠지만 저희 부부 상황에선 소장님께 받은 코칭이 신의 한 수였다고 말씀드리고 싶어요.

_ 12개월 룩하 엄마

◎ 소장님께서 모유 수유의 가치를 알려주신 덕분에 더 힘내서 그 가치를 지키려고 노력하게 됐어요. 모유 수유는 아기가 얼마나 먹었는지 수치로 알기 힘들다 보니 분유로 넘어가게 되기도 하고, 어떤 이유로든 포기하게 되는 경우가 있지만 그럼에도 ==태인이와 함께 지켜 나갈 가치가 있어서 지금 모유 수유하는 시간이 정말 경이로워요.== 태인이가 태어난 지 며칠 되지 않았는데도 벌써 엄청 친해지고 대화도 되는 느낌입니다. 용기 주셔서 감사합니다.

_ 45일 태인 엄마

◎ 옆에서 육아를 가르쳐줄 사람이 없어 참 막막했습니다. 유튜브와 책을 보며 공부를 많이 했는데 그중에 ==가장 도움을 많이 받은 게 소장님의 유튜브 채널과 책이었어요.== 혼자 아등바등 육아를 하는데도 욕심은 많아서 모유 수유도 하고 다른 엄마들보다 긴 시간 아기에게 매달리면서 이게 맞는 건가 싶은 순간도 있었습니다. 그런 제게 잘하고 있다 칭찬해 주셔서 참 많은 위안이

되었고 인정 받은 기분에 더 열심히 하고 싶어졌습니다. 많은 엄마들이 소장님의 양육법으로 마음이 건강한 아기로 키우면 좋겠어요.

_ 6개월 예솔 엄마

◉ 우연히 강의를 듣고 소장님을 알게 된 것이 제 육아의 터닝 포인트가 되었습니다. 가을이는 등에 센서가 있나 싶을 정도로 예민해서 제 품에 안겨서만 잠을 잤어요. 혼자 좌절하고 우울해하던 나날이었는데 소장님의 강의를 들은 후 더 이상 가을이의 울음이 소음으로 들리지 않고 저와 소통하는 것으로 느껴졌습니다. 먹고, 놀고, 자는 생체 리듬의 구분이 명확해지고 규칙이 생기니 저도 육아에 여유가 생겼어요. 예전에는 보지 못했던 가을의 눈을 보며 눈을 맞추고 볼에 입을 맞추고 쓰다듬고 듬뿍 사랑해 주고 있어요.

_ 7개월 가을 엄마

◉ 온라인 강의 시작 전에 남편이 설거지를 하면서 "얼른 마치고 나도 같이 듣고 싶은데!"라고 먼저 말을 해서 얼마나 놀라고 반가웠는지 몰라요. 저는 대학생 때도 훗날 엄마가 되는 게 꿈이었고 이현이를 출산하고 나서도 그 꿈이 참 멋지고 경이롭구나 하루하루 실감하고 있어요. 이현이 육아는 이제 겨우 6개월이 되어가지만 육아하는 하루하루가 얼마나 대단하고 감탄이 나오는 날들인지를 깨닫고 있습니다. 소장님께서 제가 하고 싶었던 육아가 무엇인지 방향을 안내해 주며 응원과 지지를 해주셔서 더할 나위 없이 육아가 행복합니다. 아직은 추상적이지만 조금씩 제가 앞으로 어떤 날들을 보내며 어떤 일들을 해 나가고 싶은지 그릴 수 있게 됐어요!

_ 7개월 이현 엄마

차례

프롤로그 양육 문맹에서 벗어나는 육아의 지혜 · 006
육아가 특별해진 부모들 이야기 · 010

제1장 양육의 시작, 아기와의 관계 이해하기

아기를 존중하는 양육이란? · 027
- 양육은 언제부터 시작해야 할까? · 029
- 존중하는 양육에서 '신뢰'의 진짜 의미 · 031
- 타인의 도움을 어디까지 받아야 할까? · 033

출산 직후 부모가 해야 할 일 · 036
- 출산 직후 10일의 의미 · 037
- 양육 철학을 세워야 할 시기 · 039

부모가 아기를 신뢰한다는 것의 의미 · 041
- 아기의 움직임에 서둘러 대응하지 않기 · 042
- 아기에게 자기 주도권 주기 · 044

아기의 생체 리듬에 따른 수면, 수유, 놀이 · 046
- 생체 리듬에 따른 양육이란? · 048

생체 리듬 및 루틴 만들기 • 050
　　생체 리듬을 고려한 수유 간격 계산하기 • 053

아기의 기질과 자기표현 존중하기 • 057
　　평균치의 함정에서 벗어나기 • 058
　　관찰하는 부모가 아기의 기질을 이해한다 • 061

매일 아침 같은 시간에 시작하는 양육 루틴 • 064
　　Rhythm(리듬) 생체 리듬에 맞춰 기상하기 • 065
　　Intention(의도) 의도를 가지고 패턴 형성하기 • 066
　　Stability(안정성) 부모의 일상 안정화하기 • 067
　　Environment(환경) 수면 환경 개선하기 • 068
　　Nurture(양육) 일관된 양육으로 정서 안정 찾기 • 068
　　아기가 깰 때까지 재워야 할까? • 069

부모 중심적 양육법 vs 아기 중심적 양육법 • 071
　　양육을 완벽하게 하려는 생각 내려놓기 • 072
　　아기의 신호를 읽는 정서적 연결 • 074
　　SOS! 소장님 도와주세요 혼란을 버티는 부모의 자기 돌봄 방법 • 077

부모 목소리가 아기에게 미치는 영향 • 080
　　아기와 연결되는 정서 주파수 • 081
　　부모와 아기를 잇는 소통의 본질 • 082

나는 좋은 부모가 될 수 있을까? • 085
　　양육 효능감을 높이려면 • 086
　　SOS! 소장님 도와주세요 아기의 부정적인 신호를 대처하는 방법 • 088

아기의 감정을 다루는 부모의 양육 유형 • 096
　　부모의 양육 유형(1) 축소 전환형 • 097
　　부모의 양육 유형(2) 억압형 • 098
　　부모의 양육 유형(3) 방임형 • 099
　　부모의 양육 유형(4) 감정 코칭형 • 100

제2장 먹는 경험에서 시작되는 정서 지능 발달

아기를 존중하는 수유·이유식이란? • 105
- 먹는 경험과 정서 지능 발달 관계 • 107
- 아기는 울음으로 감정 조절력을 배운다 • 109
- 엄마의 섬세한 반응 vs 과잉 반응 • 111

아기는 먹으면서 감정 표현력을 배운다 • 115
- 먹는 시간은 아기가 결정하기 • 116
- 아기에게 주도권을 넘기는 방법 • 118

아기에게 먹는 기회를 어떻게 줘야 할까? • 120
- 먹는 기회로 배우는 안정감, 즐거움, 만족감 • 121
- 먹는 시간은 온전히 받아들여지는 시간 • 124

먹고 싶은 아기, 먹기 싫은 아기의 행동 언어 • 126
- 부모가 놓치기 쉬운 신호들 • 127
- 먹기 싫어하는 아기 대하는 방법 • 129
- 아기를 무기력하게 만드는 부모의 거절 신호 • 130

많이 먹는 아기가 잘 먹는 아기일까? • 132
- 잘 먹는 아기는 '배부름'을 알고 멈출 줄 안다 • 133
- 잘 먹는 아기는 '규칙적'으로 식사할 줄 안다 • 135
- 잘 먹는 아기는 음식을 '선택'할 줄 안다 • 136
- **SOS! 소장님 도와주세요** 아기가 먹는 데 관심이 없어 보인다면? • 138

제3장 엄마의 인격적 수유, 아기의 배부른 수유

수유 바르게 이해하기 • 143
- 수유, 아기와의 첫 번째 대화 • 144
- 모유 수유, 엄마의 일부를 건네는 일 • 146

엄마의 인격적 수유 • 148
- 인격적 수유란? • 149
- 먹는 것이 힘들고 불쾌한 경험이 될 때 • 151
- 먹는 것이 편안하고 즐거운 경험이 될 때 • 153

아기의 배부른 수유 • 156
- 배부른 경험은 학습된다 • 157
- 배부른 수유 효과(1) 포만감과 만족감을 경험하게 된다 • 158
- 배부른 수유 효과(2) 자신과 타인에 대한 신뢰가 생긴다 • 159
- 배부른 수유 효과(3) 소통을 배우게 된다 • 161
- 배부른 수유 효과(4) 규칙성과 일관성이 생긴다 • 163

수유하며 아기와 소통하기 • 165
- 아기에게 어떻게 말해줘야 할까? • 166
- **SOS! 소장님 도와주세요** 수유를 준비하며 교감하는 대화법 • 168

수유 후 아기의 정서 지능을 깨우는 4단계 교감법 • 170
- 1단계: 평평한 바닥에 등을 대고 눕히기 • 171
- 2단계: 아기 시선을 관찰하며 눈 맞춤 시도하기 • 172
- 3단계: 배부르게 먹은 아기에게 칭찬해 주기 • 174
- 4단계: 감정 교류에 몰입하기 • 175
- 교감 후 엄마가 얻는 것 • 176

모유 수유를 포기하고 싶을 때 생각해야 할 것들 • 179
- 양육은 정답이 아닌 해석의 과정이다 • 180
- 아기를 보는 방식이 아기를 만든다 • 182
- 엄마의 자기 신뢰는 물리적 어려움을 넘어선다 • 183

먹다 잠드는 아기, 수유와 수면 분리하기 · 185
- 수유와 수면을 분리해야 하는 이유 · 186
- 깨어 있는 상태에서 수유의 중요성 · 188
- 잠들려는 아기를 깨우는 방법 · 190
- 젖을 물고 자는 아기 분리법 · 191

밤중 수유, 언제 어떻게 멈춰야 할까? · 193
- 개월 수에 따른 공복 수면 시간 체크하기 · 194
- 밤잠에서 깨는 아기, 정말 배고픈 걸까? · 195

밤중 수유 중단과 정서 지능 발달 관계 · 199
- 자기조절 능력을 키운다 · 199
- 애착 형성을 좌우한다 · 201
- 정서적 독립성과 자존감을 형성한다 · 202
- SOS! 소장님 도와주세요 아기가 밤중에 우는 이유 · 204

사출 때문에 모유를 거부한다면 · 206
- 아기의 사출 조절 능력 · 207
- 아기가 사출을 거부하는 이유 · 208

유두 혼동, 어떻게 대처해야 할까? · 210

현명하게 단유하기 · 213
- 아기가 주체가 되어 단유하려면 · 214
- 6개월 이전에 단유해야 한다면 · 218
- 돌 전후에 단유하게 됐다면 · 219
- 단유를 앞둔 엄마에게 · 220
- SOS! 소장님 도와주세요 단유에 어려움을 겪고 있다면? · 222

제4장 완밥하는 이유식 습관 만들기

부모의 태도가 이유식 방향을 결정한다 · 227
- 부모 역할 정하기: 잘 먹이는 사람 vs 아기를 돌보는 사람 · 228
- 이유식 목표 정하기: 얼마나 먹였나 vs 어떻게 경험했나 · 231
- 이유식을 언제 시작하면 좋을까? · 233

이유식을 먹기 전에 해야 할 일 · 237
- 아기에게 음식 소개하기 · 238
- 음식을 탐색할 시간 주기 · 240
- SOS! 소장님 도와주세요 아기의 탐색 본능을 지켜주는 방법 · 243

스스로 잘 먹는 자기 주도성 기르기 · 247
- 이유식을 통한 내적 통제감 형성 · 248
- 내가 안 먹어도 괜찮을까? 불안함 내려놓기 · 250

초기 만지고, 맛보고, 냄새 맡으며 탐색하는 시기 · 254
- 이게 뭐지? 어떤 맛일까? 탐색 놀이의 중요성 · 255
- 토핑 이유식 vs 원물 이유식 · 257
- 원물 이유식을 권장하는 이유 · 259

초기 부모가 할 일 · 260
- 아기의 감각적 경험을 언어로 표현하기 · 261
- 아기의 이유식 탐색을 돕는 행동 5단계 · 262
- 부모의 잘못된 행동과 말실수 3가지 · 264
- SOS! 소장님 도와주세요 빨대와 컵 중 무엇을 사용하는 게 좋을까? · 269

중기 내 손으로 입에 넣고 꼭꼭 씹어서 삼키는 시기 · 271
- "너 뭐 먹을래?" 아기가 선택하도록 질문하기 · 273
- "내 입에 무언가 들어왔어!" 자기 손으로 집어서 입에 넣기 · 274
- 부모의 잘못된 행동과 말실수 2가지 · 275
- SOS! 소장님 도와주세요 이유식을 먹다가 헛구역질을 한다면? · 278

맡기 먹을 양을 스스로 조절하고 자신감을 쌓는 시기 • 280
먹는 자신감을 키우는 말 "이제 배부르구나? 맛은 어땠어?" • 281
먹는 자신감을 낮추는 말 "안 먹으면 다음 간식은 없어!" • 283
음식이 수단이 되는 말 "주사 잘 참았으니까 젤리 두 개 줄게" • 285

아기의 이유식 '거부'에 상처받았다면 • 287

이유식 거절하는 아기와 상호 작용하기 • 291
정말 이유식을 거절하는 행동일까? 아기의 행동 파악하기 • 292
타당한 거절일까? 아기의 이유식 거절을 거절하기 • 294
SOS! 소장님 도와주세요 이유식을 거절하는 아기의 행동 대처법 • 298

에필로그 함께 먹는다는 것은 함께 살아간다는 것 • 303

제1장

양육의 시작, 아기와의 관계 이해하기

아기를 존중하는 양육이란?

"아기의 움직임을 보세요."

아기는 소리를 내거나 울음으로 표현하기도 하지만 손과 발, 눈빛과 고개 등 행동으로도 말을 합니다. 저는 산모와 초보 부모를 만나 교육할 때마다 이 점을 늘 강조합니다.

아기가 행동으로 무슨 말을 하는지 눈여겨본 적 있으신가요? 제가 부모들에게 물어보면 "아기가 말을 한다고요?"라며 의문을 표현하는 부모도 있지만 자신이 관찰한 아기의 움직임을 해석해서 저에게 들려주는 분도 있습니다.

"아기도 말을 하는군요! 소장님 말씀을 들으니 아기 행동이 읽혀요. 지금 손을 위로 올리는 건 고맙다는 말로 들려요!"

아기 마음이 어떤지 알고 싶어서 소리와 움직임을 관찰하고 아기 행동을 긍정적인 언어로 해석하는 부모를 만날 때마다 저는 희망을 경험합니다. 가슴이 따뜻해지면서 제가 사랑받는 느낌이 들기도 하지요.

제가 만난 모든 부모는 아기를 한 존재로서 사랑하고 존중하는 양육을 하고 싶어 합니다. 그런데 어떻게 하는 것이 진정한 사랑이고 존중인지 혼란스러워하거나, 이미 아기를 잘 양육하고 있음에도 충분하지 않다는 생각에 불안해하며 스스로를 불신하는 분들도 있습니다.

양육 과정에서 '존중'은 아기의 감정과 생각을 이해하고 인정해 주는 것을 의미합니다. 아기는 자기만의 방식으로 세상을 인식하고 느끼며 표현합니다. 부모는 아기의 감정과 생각을 알아차리고 의사결정을 존중해 주면 됩니다. 더불어 아기의 개인적인 특성과 개성을 인정하고 개월 수에 맞게 신체적·정서적으로 성장할 수 있도록 적절한 환경을 제공해 주는 것이 진정한 존중이라고 할 수 있습니다.

이렇게 이야기하면 모든 부모가 동의합니다. 그러나 실제 양육 현장에서는 어려움과 혼란을 겪습니다. 존중하는 양육을 하고 싶은데 언제, 어디서, 어떻게 해야 할지 모르기 때문이지요.

양육은 언제부터 시작해야 할까?

처음 부모가 된 분들은 아기를 낳으면 병원이나 산후조리원에서 몸을 회복하고 양육은 집으로 돌아가서 본격적으로 시작하는 거라고 생각합니다. 그러나 양육은 산후조리 기간 이후가 아니라 산모와 아기가 건강하다면 출산 직후부터 시작되어야 합니다. 아기는 태어나자마자 매일 반복되는 일상을 통해 예측 가능한 상황을 경험하고 그 경험을 통해 세상을 배워 갑니다. 그래서 부모는 자신의 시간을 아기에게 기꺼이 투자해야 하는 것이지요.

다만 현실에서는 지친 산모가 바로 아기를 돌보기에는 어려움이 많고, 산통을 겪느라 고생했으니 푹 쉬라는 뜻으로 아기를 신생아실로 데려가곤 합니다. 병원과 산후조리원은 산모가 피로한 몸에도 불구하고 아기와 함께 지내며 자연스럽게 양육의 첫걸음을 내딛도록 격려해야 하지만 실제로는 오히려 휴식을 권하는 경우가 많습니다.

"산모님 힘드시죠? 아기 낳느라 고생 많으셨어요. 오늘은 푹 쉬고 내일부터 아기 보셔도 됩니다."

이런 말은 다정하게 들릴 수 있지만 그 이면에 부모 역할을 준비할 기회를 놓치게 되는 건 아닌지 생각해 볼 필요가 있습니다. 병원에서 산모를 돌보는 일은 꼭 필요하지만 단지 쉬게 해주는 것만으로는 충분하지 않습니다. 그렇다면 산모에게 정말 필요한 보호는 무엇일까요? 병원과 산후조리원 각각의 구조와 역할 안에서 산모를 돕기 때문에 여러 가지 현실적인 어려움이 있는 건 사실입니다. 그러나 산모가 엄마로서 역할을 감당할 수 있도록 돕는 것이 병원과 산후조리원에서 해야 하는 진정한 보호라고 생각합니다.

"산모님 힘드시죠? 아기 낳느라 수고하셨는데도 불구하고 아기 곁에서 엄마 냄새 맡게 해주면서 엄마 역할을 잘 해내고 계시네요. 정말 훌륭합니다. 어렵고 힘든 점 있으면 저희에게 도움을 요청하세요. 기꺼이 도와드리겠습니다."

엄마로서의 책임을 받아들이고 부모로서 살아가려는 산모에게 따뜻한 격려를 건네고, 첫날부터 아기와 함께 살아가는 구체적인 방법을 차근차근 안내하는 것. 아기를 부모 품으로 돌려주고, 첫날밤 무엇을 어떻게 해야 할지 몰라 막막한 부모에게 실질적인 정보를 주면서 격려하는 것이야말로 진정으로 산모를 돕는 손길입니다. 하지만 그렇게 하려면 많은 인내와 에너지가 있어야 하고 인력도 필요하지요.

존중하는 양육에서 '신뢰'의 진짜 의미

양육에서 가장 중요한 것은 무엇일까요? 바로 신뢰입니다. 엄마 자신을 믿고 아기를 신뢰하는 마음이 바탕이 되어야 합니다. 내 아기를 내가 건강하게 낳았다면 아기에게 필요한 영양분이 내 몸속에 있다는 사실을 믿어야 합니다.

아기를 먹이고 돌볼 수 있다는 믿음이 생기면 신생아실에 맡기기보다 직접 품에 안고 돌보려는 마음이 자연스럽게 일어납니다. 처음이라 낯설고 서툴더라도 두려움에 휘둘리지 않고, 궁금하거나 모르는 부분이 있다면 신생아실이나 소아과 의료진에게 적극적으로 묻고 배워 가며 아기를 돌보면 되는 것이지요.

이런 믿음이 바탕이 될 때 아기를 '스스로 먹을 수 있는 존재'로 바라보게 됩니다. 아기를 믿기 시작하면 엄마의 행동에 변화가 일어나고 아기의 움직임과 반응 하나하나에 감탄하게 됩니다. 반면 아기를 믿지 못하면 엄마는 자신을 자책하거나 아기의 행동을 잘못 해석하고 자칫 오해하기 쉽습니다.

종종 출산 전에는 반드시 초유 수유를 하겠다고 다짐하던 산모가 막상 출산 후에는 포기하는 경우가 적지 않습니다. 갓 태어난 아기가 젖을 빠는 힘이 약하거나 삼키는 데 어려움을 겪는 모습을 보고 겁먹는 경우도 있지만, 대부분 젖이 잘 나오지 않는다는 이유로 초유 수유를 포기합니다. 왜 이런 일이 생길까요? 초유에 대한 정보가 부족한 이유도 있지만 무엇보다 엄마가 된 자신을 신뢰하지 못하기 때문입니다.

아기가 태어나면 출산 직후 엄마 몸에서 나오는 초유는 한두 방울이 전부입니다. 처음 출산을 경험한 산모는 초유 양이 너무 적어서 놀라지만 사실 그 양이 지극히 정상적인 것이지요.

"지금 나오는 몇 방울이 아기에게 충분한 양이에요. 아기가 먹도록 계속 기회를 주면 모유 양은 곧 증가할 거예요."

이렇게 설명하면 엄마들은 두 가지 반응을 보입니다. 자신을 신뢰하는 엄마는 "정말 몇 방울이면 되는군요!"라며 수유를 합니다. 정보가 부족한 게 문제였기 때문에 전문가의 조언을 듣고 긍정적으로 수유를 이어 가는 것이지요. 반면 자신을 신뢰하지 못하는 엄마는 "아기가 배고프고 힘들어서 계속 울어요. 분유를 주는 게 좋을 거 같아요", "제 젖은 맛이 없나 봐요"라면서 아기에게 분유를 줍니다.

처음부터 분유 수유를 계획했다면 분유를 줘도 됩니다. 그러나 모유 수유를 할 거라고 마음먹었던 산모가 의학적인 이유 없이 불안이나 두려움으로 분유 수유를 선택하는 상황은 안타깝습니다.

병원에서 아무리 "잘하고 계세요."라고 말해 주고 충분한 정보를 제공하더라도 초보 부모는 좀처럼 마음을 놓지 못합니다. 며칠 동안은 두려움과 불안 속에서 자기 불신과 마주하게 되지요. 양육 과정에서 마주하는 크고 작은 변화를 외면하지 않고 기꺼이 직면할 때 부모로서 슬기롭게 극복하며 조금씩 성장해 나갈 수 있습니다. 그렇게 자신에 대한 신뢰를 회복한 후에야 비로소 부모로서의 자리에 깊이 몰입할 수 있는 용기가 생깁니다.

자신을 신뢰하지 못하는 엄마
"아기는 배고픈데 내 젖이 안 나오나 봐."
"왜 이렇게 울지? 내가 서툰가 봐."

자신을 신뢰하는 엄마
"어쩜 이렇게 젖을 열심히 빨려고 하지?"
"힘차게 우는 것 좀 봐, 에너지가 넘쳐!"

타인의 도움은 어디까지 받아야 할까?

자신을 신뢰하지 못하는 엄마는 젖이 안 나와서 아기가 덜 먹을까 봐, 기저귀 갈아 주는 것이 서툴러서 아기가 불편해할까 봐, 울음을 달래지 못해서 아기가 힘들어할까 봐 걱정하면서 자신이 미숙하다는 생각에 타인의 도움을 받으려고 합니다. 양육은 경주가 아닙니다. 한 걸음 한 걸음 주변을 살피면서 나아가는 여행에 더 가깝습니다. 엄마가 처음이라서 서투른 것이지 부족하거나 못하는 것이 아닙니다. 양육 자신감을 스스로 꺾지 마세요.

출산 후 타인의 도움을 받아야 하는 것은 맞습니다. 그렇지만 이때 아기는 부모가 돌보고 식사, 청소, 빨래 등 양육에 필요한 다른 부분에서 주변의 도움을 받길 권합니다. 부모는 오롯이 아기 양육에 몰입하는 시간이 필요하기 때문입니다.

아기를 출산하는 일은 희망과 설렘으로 가득한 경험입니다. 하지만 부모는 건강한 아기를 낳았다는 기쁨 뒤에 곧바로 불안과 두려움이라는 감정을 마주하게 됩니다. 그 불안과 두려움을 외면하기보다 비록 출산 직후 고단하더라도 부모에게 주어진 24시간을 아기에게 온전히 쏟길 권합니다. 이것이 진정한 '산후조리'의 의미입니다.

아기는 부모와 함께하고 싶어서 세상에 태어났습니다. 이 소중한 시간에 부모가 잠을 잘 때도 밥을 먹을 때도 아기 곁을 지키며 함께하겠다고 마음먹는다면 그 시간은 부모와 아기 모두에게 가장 의미 있고 가치 있는 시간이 될 것입니다.

초보 부모에게 꼭 하고 싶은 말이 있습니다. 부모로서의 시작은 무엇보다도 자기 자신을 믿는 데서 비롯되어야 한다는 것입니다. 엄마 자신의 성실함과 책임감을 믿으세요. 때로는 그 믿음이

기존의 사고방식을 넘어설 용기를 만들어 줍니다. 부모가 자신을 신뢰하는 양육을 통해 아기에게 몰입하면 이후 아기의 수유와 수면이 빨리 안정됩니다. 생후 2~3주가 되면 점차 수유가 안정되고 아기의 생체 리듬 패턴이 보이면서 아기가 언제 자야 하는지, 졸릴 때 어떤 행동을 하는지 파악이 됩니다.

   부모가 양육이란 무엇인지 깊게 고민하고 어떤 가치를 중요하게 여길지 자신만의 철학을 다져 놓으면 출산의 기쁨과 감동 뒤에 감춰진 잔잔한 행복과 가슴 벅참을 지속해서 경험할 수 있습니다. 삶에서 더 깊은 의미를 지닌 것이 무엇인지 깨닫고 행동하게 될 겁니다.

출산 직후 부모가 해야 할 일

산부인과 병실에서 근무하던 시절이었습니다. 아침에 출근하자마자 급히 모자동실(산모와 신생아가 같은 방에서 지내며 산모가 아기를 직접 돌보는 방식)을 시작한 산모를 인계받았습니다. 산모는 출산 후 이틀 동안 초유 수유만 하고 있었습니다. 지금도 그 산모의 병실을 처음 방문했던 때가 선명하게 기억납니다.

"밤새 아기가 원할 때마다 젖을 물렸어요. 이틀째 아기는 배고픈지 얼굴이 빨개지도록 울고, 그런 아기를 안아서 달래 봤지만 소용이 없었어요. 새벽 5시쯤이었을까요. 간호사님이 이러다 아기에게 탈수 증상이 올 수 있으니 분유 수유를 하는 게 어떠냐고 제안하셨어요. 우는 아기를 안고 무서워서 눈물이 났어요. 그때 남편이 날이 밝으면 모유 수유 전문가 선생님이 출근한다니 조금만 기다려 보자고 말해 줘서 견딜 수 있었어요."

거의 모든 산모가 그렇듯 그 산모도 초유가 겨우 한두 방울 나올까 말까 한 상황이었습니다. 초유는 출산 직후 3~5일 동안 엄마 몸에서 분비되는 첫 모유입니다. 굉장히 적은 양이지만 아기에게 꼭 필요한 고농축 영양 공급원이기에 가능한 한 빨리 아기에게 먹이는 것이 중요합니다. 그 중요성을 알고 있던 엄마는 한두 방울의 초유를 아기에게 먹이면서 얼마나 힘들고 두려웠을까요. 불안함 속에서도 마음을 다잡고 젖을 주는 엄마의 모습이 참 기특하고 대견했습니다. 엄마에게 이 시간은 단순히 수유 방식을 선택한 것이 아닌 '앞으로 어떤 부모가 되고 싶은지'에 대한 본질적인 고민을 하는 시간이었을 겁니다.

출산 직후 10일의 의미

많은 산모가 아기를 낳기 전에는 모유 수유를 하겠다고 이야기합니다. 하지만 막상 아기를 출산한 후 젖이 잘 나오지 않는 현실

앞에서 결국 분유 수유를 선택하는 경우가 많습니다. 그렇기 때문에 출산 직후 10일간 가장 필요한 것은 엄마가 올바른 양육 정보를 익히고, 타인이 정한 양육 기준을 따르는 것이 아니라 자신만의 '양육 철학'을 세우는 일입니다.

앞서 소개한 엄마는 모유 수유를 하겠다는 첫 결정이자 자신의 양육 철학이 아기에게 어떻게 적용하며 얼마나 강력한 영향력을 발휘하는지 경험했을 겁니다. 출산 직후 엄마가 직면하게 되는 어려운 결정의 순간과 그때 발휘하는 인내는 단지 순간의 문제를 해결하는 것 이상으로 평생에 걸친 양육 나침반을 세우고 방향을 잡는 시작점이 됩니다.

아기와 함께 지내면서 부모가 양육을 시작하는 이 중요한 시기를 소중히 여겨 주세요. 우는 아기를 달래 보고, 기저귀도 갈아 보고, 모유를 먹여 보고, 아픈 유두를 붙잡고 아기와 함께 우는 시간도 필요합니다. 이 시간은 부모가 직접 양육을 하면서 자신이 원하는 양육 방향이 현실과 어떻게 다른지, 양육 철학과 가치관을 세워 가는 여정으로 채워 나가야 합니다.

양육 철학을 세워야 할 시기

많은 부모가 '아기를 어떻게 키울까?'에 대해 중점적으로 고민하지만 이보다 더 중요하게 생각해야 할 점은 '어떤 가치를 중요시하며 양육할 것인가?'입니다. 육아 정보가 넘쳐나는 시대에 수많은 정보를 접하면서 혼란을 느끼는 것은 당연한 일이지요. 그러나 단지 양육 기술만 배우는 것은 마치 지도 없이 여행하는 것과 같습니다.

양육 철학을 세운다는 건 무엇을 의미할까요? 완벽한 부모가 되는 것도, 양육 매뉴얼을 정확히 따라 하는 것도 아닌 아기와 함께 새로운 길을 만들며 지도를 그려 나가는 모험을 의미합니다. 양육 과정에서 부모와 아기 모두 때로는 실패하고 배우며 다시 일어섭니다. 이를 통해 서로를 깊이 이해하고 성장하며 존중하는 관계로 발전합니다. 그렇기에 출산 직후부터 부모는 자신에게 끊임없이 질문하며 양육 철학을 세우는 시간을 가져야 합니다.

'아기에게 어떤 가치를 심어줘야 할까?
나는 아기가 어떤 사람으로 자라길 바랄까?
우리 가족에게 정말 중요한 것은 무엇일까?'

질문에 대한 답을 찾아가는 건 더 나은 부모가 되기 위해 노력하는 여정입니다. 이 여정에도 역시나 정답은 없습니다. 그러나 반드시 지켜야 할 점은 자신만의 철학을 세우고 일관되게 아기와 상호 작용하는 겁니다. 아기가 이유식 먹는 양이 적어서 성장에 영향을 미치지는 않을까 걱정하는 순간에도, 유치원에 다니고 학교생활에 적응하며 친구들과 관계를 형성하는 과정에도 불안감이 찾아올 겁니다. 그때마다 방향을 잃지 않고 기꺼이 두려움을 감당할 수 있는 힘은 자신만의 양육 철학에서 나옵니다.

철학은 일상에서 살아 숨 쉬어야 합니다. 매일의 작은 선택들에 부모의 양육 철학이 반영될 때 아기는 말보다 행동을 통해 더 많은 것을 배웁니다. '이것이 옳은 선택일까?' 고민될 때마다 자신의 양육 철학을 되돌아보세요. 그것이 부모를 안내하는 등대가 될 것입니다.

부모가 아기를 신뢰한다는 것의 의미

내 삶을 어떻게 해석하느냐에 따라 주체적으로 살 수도 있고, 타인에게 의존하며 살 수도 있습니다. 양육도 마찬가지입니다. 부모가 양육을 주체적으로 하느냐 의존적으로 하느냐에 따라 아기가 부모의 신뢰를 느끼고 나아가 스스로 신뢰하는 방법을 배우는 정도가 달라집니다.

저는 초보 부모나 산모를 만날 때마다 양육에서 신뢰가 사랑보다 먼저 선행되어야 하는 태도라고 말합니다. 부모가 먼저 아기를 신뢰할 때 비로소 신뢰 관계가 형성된다고요. 이 신뢰를 가능하게 하는 건 부모 내면의 '힘'입니다. 흔들림 없는 안정감과 내 아기를 믿어도 괜찮다는 확신이 부모로 하여금 아기를 신뢰하게 만듭니다.

아기의 움직임에 서둘러 대응하지 않기

아기가 울면 부모는 불안을 느끼며 즉각 반응하고 싶어집니다. 그러나 이 순간 먼저 생각해 봐야 할 점이 있습니다. 지금 이 울음이 수유가 필요하다는 신호일까? 아니면 아기가 다른 불편함이 있어서 우는 걸까? 이 상황에서 아기 스스로 문제를 해결할 수 있을까? 즉각적인 개입보다 잠깐 여유를 두고 상황을 관찰하면서 아기 스스로 문제를 해결할 기회를 주는 자세가 필요합니다.

부모가 천천히 반응하는 것은 아기를 신뢰할 때 나타나는 평안함과 여유에서 비롯됩니다. 부모의 반응은 아기에게 신뢰의 감각을 심어 줍니다. '엄마는 내가 스스로 할 수 있다고 믿어 주는구나'라는 내면의 메시지를 전달받게 되지요. 아기를 신뢰하는 부모는 '나는 너를 통제하려는 것이 아니라 네 신호와 욕구를 이해하고 존중하며 기다릴 준비가 되어 있단다'라는 태도를 지닙니다. 이런 신뢰가 부모의 양육 방식에 자연스럽게 반영됩니다.

하루는 돌이 막 지난 아기 엄마가 저를 찾아왔습니다. 아기를 존중하며 키우고 싶었을 뿐인데 자신이 우울증에 걸릴 지경이라며 울먹였습니다.

"아기의 본능을 존중해주고 싶어서 아기가 울면 안아 주고 언제든 젖을 주었어요. 스스로 잘 때까지 기다려 주기도 했고요. 문제는 아기가 젖을 달라고 할 때 젖을 물렸는데 짜증을 내고 안아 줘도 몸에 힘을 주고 흥분하니 화가 나서 소리를 지르게 돼요."

저는 가장 먼저 아기의 생체 리듬을 살펴보았습니다. 아기가 일정한 시간에 기상하는지 관찰했는데 역시나 문제가 있었습니다. 아기는 밤에도 여러 번 수유하며 깨어 있었고 엄마는 이를 규칙적인 기상으로 착각하고 있었던 것이지요. 하지만 12개월 아기에게는 적절하지 않은 패턴으로 불규칙한 수유가 아기의 짜증과 엄마의 피로를 동시에 부추기고 있었습니다. 엄마 입장에서는 아기의 본능을 존중한 행동이었지만 저는 엄마가 아기를 신뢰하지 않아서 생긴 문제라고 진단했습니다. 엄마는 아기가 수유 없이도 울음을 조절할 수 있고 잠을 잘 수 있다는 사실을 믿지 못했던 것이지요.

아기를 신뢰한다는 것은 단지 울 때 안아 주고 반응하는 것이 아니라 아기가 자기 조절 능력을 만들어 갈 수 있도록 적절한 타이밍을 기다리면서 환경을 조율해 주는 것입니다. 또한 아기의 삶에서 중요한 선택이 점차 아기 스스로의 리듬과 욕구를 바탕으로 이루어질 수 있도록 기회를 주는 것을 의미합니다. '지금 자고 싶다', '이제 배가 부르다', '지금은 안기고 싶다' 등의 표현을 존중받는 경험은 아기에게 자기 주도권의 씨앗을 심어 줍니다. 엄마가 먼저 아기를 신뢰할 때 아기 역시 자신을 신뢰하는 법을 배우게 되는 것이지요.

아기에게 자기 주도권 주기

아기는 부모의 신뢰 속에서 감정 조절을 배우고 관계의 기본을 익힙니다. 긍정적이고 안정된 유대감은 아기의 뇌 발달에 절대적으로 중요합니다. 부모가 안아 주고, 뽀뽀해 주고, 따뜻한 눈빛으로 웃어 주는 행동은 아기가 '나는 사랑받고 있다'는 감각을 내면화하게 도와줍니다. 눈으로 보이지 않는 신뢰가 뇌 발달의 바탕이 된다고 할 수 있지요. 이 믿음은 단지 정서적 위안에 그치지 않고 감정 지능과 자기 효능감의 시초가 됩니다. 이는 훗날 아기가 성장한 후에도 자신의 결정을 신뢰하고 도전과 실패 앞에서도 다시 일어설 수 있는 회복탄력성으로 이어집니다.

부모에게 신뢰받지 못하고 자란 아이는 "무서워, 못해, 자신 없어, 내가 뭘 하겠어."라며 소극적인 모습을 보이지만 신뢰받으며 자란 아이는 "한번 해볼까? 실패해도 괜찮아, 그 과정에서 나는 분명 성장해 있을 거야."라며 자기 삶을 스스로 선택하고 주체적으로 이끄는 사람으로 성장합니다.

앞서 강조했듯이 아기를 믿고 기다려 주기 위해서는 먼저 부모 자신을 신뢰하는 것에서 시작해야 합니다. 내 판단이 맞을까? 내가 잘하고 있는 걸까? 이런 질문 속에서도 '나는 지금 최선을 다하고 있어'라는 자기 확신이 있어야 아기에게도 안정감을 줄 수 있습니다.

부모가 된다는 것은 단지 아기를 돌보는 시간이 아니라 한 차원 더 깊은 성장의 시간입니다. 내가 내 삶의 주인이 되는 연습을 하면서 아기도 자기 삶의 주인이 될 수 있도록 이끌어 주세요. 신뢰는 말로 가르칠 수 없습니다. 일관된 행동과 태도 그리고 아기의 리듬을 읽고 존중하려는 부모의 깊은 관찰력 속에서 시작됩니다.

아기를 신뢰하는 엄마
"삶에서 많은 것을 스스로 선택할 수 있고 삶의 주도권은 너에게 있어."

부모의 신뢰 속에서 자란 아기
'나는 사랑과 신뢰를 받아 왔어. 나 자신과 내 삶을 믿어!'

아기의 생체 리듬에 따른 수면, 수유, 놀이

사람은 모두 아침에 일어나서 밥을 먹고, 활동하고, 저녁에 잠을 자며 24시간을 보냅니다. 아기도 마찬가지로 먹고 놀고 잠을 잡니다. 이때 아기가 매번 같은 시간에 같은 양을 먹고 자면 얼마나 좋을까요? 그러나 아기는 오전에 조금 먹고 더 많이 잘 수도 있고, 오후에 더 많이 먹고 잠은 짧게 잘 수도 있습니다. 또 어제와 오늘 먹는 양과 자는 패턴이 다를 수 있어요. 부모는 아기가 어제와 오늘 행동 패턴이 다르면 문제가 있는 건 아닌지 걱정합니다. 인터넷에 검색해 보곤 '별일 아니구나~' 궁금증이 해소될 때도 있지만 길을 잃고 불안감에 떨기도 하지요.

유튜브 영상 속 아기는 수유 간격에 맞춰 일정하게 먹는데 내 아기는 수유 간격이 더 짧거나 더 긴 모습에 걱정이 됩니다. 영상에서는 놀 때도 엄마와 아기가 눈을 맞추며 놀아야 한다는데 내 아기는 눈 맞춤은 고사하고 짜증만 내니 엄마도 짜증이 나지요. 또 영상 속 아기는 스스로 누워서 잘 자던데 내 아기는 엄마 품에 안겨서도 짧게 자거나 쉽게 잠들지 못하고 칭얼대니 막막함이 몰려옵니다. '내가 뭘 잘못하고 있나?' 하는 불안이 마음에서 싹트기 시작하지요.

예전이나 지금이나 부모는 아기가 잘 먹고, 기분 좋게 놀고, 편안하게 자는 양육을 원하지만 50년 전과 지금의 양육 현실을 비교하면 매우 다릅니다. 과거에는 유튜브 영상뿐만 아니라 아기가 건강하게 성장하고 있는지 점검하는 의료 시스템이 부족했던 탓에 단순히 아기가 '크다', '작다', '통통하다', '말랐다' 등으로 판단했습니다. 의료 시스템이 발달한 지금은 몸무게가 몇 킬로그램인지, 키가 몇 센티미터인지 정확한 수치를 토대로 아기의 성장을 관찰할 수 있게 됐지요.

의료 시스템을 활용해 아기 체중이 과하지 않게, 발달에 문제가 생기지 않게 양육하는 긍정적인 면이 있는 반면 아기를 양육하는 데 있어 강박이 생겼다는 분들도 있습니다. 아기가 권장량만큼 못 먹거나 더 먹어서, 권장 시간보다 더 많이 자거나 덜 자서 불안감이 커지고 수치에 집착하게 된다는 것이지요.

엄마가 쉽게 정보를 얻을 수 있는 유튜브 영상과 아기가 건강하게 성장할 수 있도록 돕는 의료 시스템이 부모에게 자신감을 주는 것이 아니라 불안만 더한다면 안타까운 일입니다. 이런 불안은 왜 생기는 걸까요? 수면, 수유, 놀이를 분리해서 각각의 권장 수치에만 집중했기 때문입니다. 양육은 정형화된 수치에 아기를 맞추는 것이 아니라 매일 반복되는 아기의 생체 리듬을 따르는 데서 시작해야 합니다.

생체 리듬에 따른 양육이란?

아기는 태어나면 생체 리듬이 자리 잡히지 않아서 잠을 오래 자거나 짧게 자기도 하고, 먹는 양이나 횟수가 달라지기도 합니다. 처음에는 생체 리듬이 무질서하지만 점점 자신의 생체 리듬에 맞는 예측 가능한 패턴이 생깁니다. 배고픔과 배부름의 감각, 졸릴 때의 짜증스러움과 자고 나서의 상쾌함, 자주 보는 사람과의 반복적인 상호 소통을 통해 천천히 가족의 일원이 되지요.

생체 리듬이 생후 2주 만에 안정되는 아기가 있는가 하면 돌이 되어도 여전히 생체 리듬이 혼란스러운 아기도 있습니다. 아기의 생체 리듬이 안정되게 하려면 어떻게 해야 할까요? 먼저 아기의 생체 리듬이 어떻게 진행되는지 세심하게 관찰하고 수면, 수유, 놀이의 기본 원리가 무엇인지 알아야 합니다.

미국 최고의 사실주의 화가 토머스 에이킨스Thomas Eakins 는 "위대한 예술가는 자연을 잘 관찰한 다음 그들에게서 도구를 빌려온다"라고 말했습니다. 못에는 망치를 사용하고 나사에는 드라이버를 써야 하는데, 망치로 나사를 조이거나 드라이버로 못을 박으려고 한다면 제대로 되지 않습니다. 어떤 도구가 적절한지 알려면 우선 못인지 나사인지 구분하는 기본 원리를 알아야 하는 것처럼 아기의 수면, 수유, 놀이도 매일 반복되는 양육에서 같은 듯 다르다는 사실을 인식해야 합니다. 이를 제대로 구분하지 않으면 아기의 신호를 잘못 해석해 제대로 반응하지 못할 수 있습니다.

아기의 생체 리듬은 개월 수에 따라 깨어 있는 시간도 잠을 자는 시간도 달라집니다(55쪽 참고). 개월 수마다 달라지는 상황이 어렵고 혼란스러울 수 있습니다. 그러나 엄마는 양육하는 과정에서 지금 수유할 것인가, 재울 것인가, 놀게 할 것인가를 선택해야 합니다. 내 아기에게 맞는 선택을 하려면 아기를 관찰해야겠지요. 망치를 사용할지 드라이버를 쓸지 도구에 대해 제대로 알면 결정이 쉬운 것처럼 부모도 아기의 생체 리듬이 어떤지 알면 수유할지, 재울지, 놀아 줄지 자신감을 갖고 양육할 수 있습니다.

○ **생체 리듬 및 루틴 만들기**

　아기의 뇌는 단순하고 반복적인 일상에서 무슨 일이 벌어질지 예측이 가능할 때 안정감을 느낍니다. 그래서 아기가 정해진 시간에 먹고 놀고 자는 하루 흐름을 예측할 수 있도록 생체 리듬을 형성해 줄 필요가 있습니다. 생체 리듬은 태어날 때부터 정교하게 작동하는 것이 아니라 외부 환경의 반복적인 자극과 경험을 통해 서서히 조율되므로 부모가 가르쳐 주어야 합니다.

① 아침 햇빛으로 하루 시작하기

　기상 시간은 하루 리듬의 출발점입니다. 매일 아침 일정한 시간에 커튼을 활짝 열어 자연광이 아기의 눈꺼풀을 통해 들어올 수 있는 환경을 만들어 주세요. 아침에 보는 빛은 시신경을 타고 아기 몸의 생체 시계를 조절하는 뇌의 시상하부로 전달됩니다.

② 낮과 밤의 차이 구분해 주기

　낮에는 조명보다 커튼을 열어 자연광에 노출되도록 환경을 조성해 줍니다. 반대로 밤에는 기저귀를 갈아 주거나 수유를 하더라도 말 없이 조용하게 최소한의 불빛 아래에서 돌보길 권합니다. 이처럼 낮과 밤의 환경을 뚜렷하게 구분해 주면 아기의 생체 리듬 형성에 도움이 됩니다.

③ 먹고 노는 시간에는 정서적 교감하기

아기가 깨어 있는 시간에는 모빌이나 소리 나는 장난감보다는 사람과의 눈맞춤, 목소리, 터치 등을 통해 상호 작용하며 정서적으로 연결되는 시간이 되어야 합니다. 그런 경험이 반복되면 아기는 사람과의 교감을 즐거움으로 인식하고 졸음 신호가 나타났을 때 자연스럽게 잠드는 흐름을 만들게 됩니다.

④ 낮잠에서 깬 아기 행동 관찰하기

아기가 낮잠에서 깨어나면 바로 기저귀를 갈지 말고 잠시 품에 안고 있어 보세요. 품에 안긴 아기가 몸에 힘을 주면서 버틸 때가 있고 몸에 힘을 빼고 안기는 경우가 있습니다. 몸에 힘을 주면 기저귀를 갈고, 몸에 힘을 빼고 엄마 품에 안겨 있으려고 하면 아기가 몸에 힘을 줄 때까지 조금 더 안고 있어 주세요. 이 과정은 아기 마음을 살피면서 엄마가 다음 행동을 하기 위해서입니다. 아기가 엄마에게 "자고 나니 컨디션이 좋아졌어요."라고 말하는 순간이 언제인지 관찰하는 겁니다.

⑤ 낮잠과 수유 간격 관찰하기

수유 간격은 반드시 최소 2시간 이상은 벌어져야 합니다. 아기가 낮잠을 제대로 잔다면 수유 간격은 자연스럽게 벌어질 수밖에 없습니다.

⑥ 일정한 수면 의식과 장소 준비하기

매일 동일한 수면 루틴을 반복하고 같은 장소와 환경에서 잠을 자게 해주세요. 이는 아기에게 '이제 잘 시간'이라는 신호로 작용하며 생체 리듬을 안정시키는 데 핵심적인 역할을 합니다.

기저귀를 갈고, 수유하고, 트림하고, 다정한 눈 맞춤을 한 후 아기가 졸려 하는 신호에 따라 다음 잠을 재우는 루틴을 규칙적으로 유지하는 것이 아기가 평온한 상태에서 더 잘 먹고 더 빨리 잠드는 생체 리듬을 만드는 데 효과적입니다.

아기에게는 안전하다는 확신과 유연하게 변화를 받아들이는 것 모두 중요합니다. '아기가 낮잠을 짧게 자서 수유 시간이 빨리 돌아왔네? 이번에는 적게 먹을 수도 있겠다!' 또는 '수유량을 조금 줄여야겠구나!'라고 엄마가 인지해야 합니다. 같은 양을 반드시 같은 시간에 먹어야 한다고 생각하면 양육이 훨씬 어려워질 거예요. 적절한 시간에 적절한 양을 수유하고, 기저귀가 젖었을 때 갈아 주고, 안아 달라고 할 때 안아 주고, 눈 맞춤해야 할 때 눈 맞춤해 주고, 자야 할 때는 재우는 기본적인 욕구가 충족되는 양육을 할 때 애착이 형성되고 부모 또한 자신감이 생깁니다.

생체 리듬을 고려한 수유 간격 계산하기

처음 부모가 되고 부딪히는 첫 번째 어려움은 '먹고 → 놀고 → 자고 → 먹고 → 놀고 → 자고…' 리듬이 깨지는 겁니다. '내 아기는 순서가 바뀌어서 놀다가 먹고 자는데 괜찮은 걸까?' 궁금해합니다. 아기는 때때로 놀다가 먹고 단 1분이라도 깨어 있다가 잠들 수 있습니다. 그러나 '수유-놀이-수면' 리듬이 지속되지 못하고 놀이 후 수면해야 하는 시간에 수유하는 상황이 더 자주 발생한다면 아기의 생체 리듬을 다시 관찰하면서 수유량을 조절해야 합니다.

그다음으로 겪는 어려움은 수유 간격입니다. 제가 엄마들에게 "3시간마다 수유하세요."라고 기준을 정해 주면 얼마나 편할까요? 하지만 수유 간격은 아기의 생체 리듬에 따라 조금 빨라질 수도 조금 늦어질 수도 있습니다. 그럼에도 생후 2개월이 지난 아기의 수유 간격이 2시간 내외라면 아기가 잠을 짧게 자서 수유 간격이 짧아진 건 아닌지, 엄마가 아기의 잠 울음과 배고픔 울음을 구분하지 못한 건 아닌지 관찰해 봐야 합니다. 생후 2개월 이전의 아기는 깨어 있는 시간이 짧고 수면 시간이 40분 정도이므로 충분히 2시간 간격으로 수유할 수 있기 때문입니다(55쪽 참고).

그러다가 생후 6개월이 되면 먹고 노는 '깨어 있는' 시간이 빠르게 증가합니다. 생후 30일 이전에는 1시간 깨어 있는 것도 힘들어서 금방 잠드는 반면 생후 5~6개월이 되면 2시간에서 2시간 30분까지도 깨어 있습니다. 아기가 깨어 있는 시간이 길어지면 수유 간격도 달라집니다. 이때 수유 간격을 어떻게 예측하면 좋을까요? 아주 간단한 계산법이 있습니다(수유 간격 계산법은 평균치이므로 참고만 하세요. 아기의 생체 리듬에 따라 달라질 수 있습니다).

예를 들어 생후 2~3개월 아기는 깨어 있는 시간이 약 60~90분입니다. 그러니 아기가 '먹고 놀고 자는' 한 사이클의 생체 리듬에 따라 다음 수유는 2~3시간 간격으로 해야 합니다. 그런데 종종 생후 2개월 아기에게 4시간 간격으로 수유를 하고 싶어 하는 분이 있습니다. 수유 간격이 4시간이 되려면 적어도 깨어 있는 시간이 120분은 되어야 합니다. '먹고 놀고 자는' 한 사이클을 마친 후 다음 사이클이 시작되기까지 4시간이 지나야 하니 생후 2개월 아기의 생체 리듬과는 안 맞습니다.

여기서 중요한 것은 아기의 생체 리듬 흐름에 따라 어떤 때는 수유 간격이 짧아지고, 어느 때는 수유 간격이 길어진다는 겁니다. 아기가 잠을 길게 자서 수유 간격이 길어지는 경우라면 크게 문제 되지 않습니다. 자고 일어난 후 수유를 하면 되니까요. 반대로 수유 간격이 짧아져서 아기가 먹는 시간과 자는 시간이 겹칠 경우에는 수유 시간을 앞당겨서 자는 시간에 수유를 피해야 합니다. 엄마가 예상한 수유 시간은 오후 3시인데 아기가 잠을 3시경

개월 수에 따른 깨어 있는 시간과 수면 시간

개월 수	깨어 있는 시간	수면 시간
0~30일	60분(1시간) 이내에 졸려 함	40~180분
2개월	60~90분(1시간~1시간 30분) 사이에 졸려 함	40~120분
3개월	90분(1시간 30분) 거뜬히 깨어 있음	40~120분
4~5개월	90~120분(1시간 30분~2시간) 깨어 있음	50~120분
6개월	120~150분(2시간~2시간 30분) 깨어 있음	60~120분

생후 2~3개월 아기의 수유 간격 계산법 예시

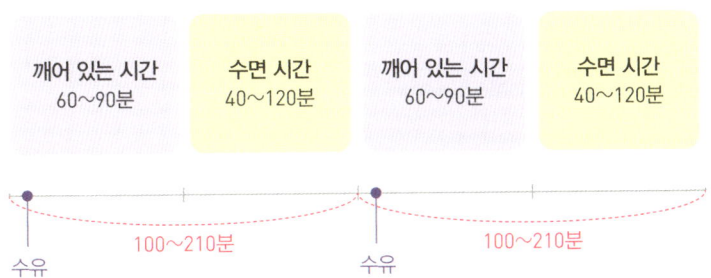

제1장 양육의 시작, 아기와의 관계 이해하기

에 자야 한다면 수유를 당겨서 해야 한다는 말이지요.

"수유 간격이 짧아져서 아기가 덜 배고파해요. 배고프지 않더라도 수유를 해야 하나요? 과식할까 봐 걱정됩니다."

산모들에게 종종 이런 질문을 받습니다. 제 대답은 "네"예요. 아기가 배고파하지 않더라도 잠을 자기 전에 수유하는 것이 좋습니다. 아기는 잠을 잘 때 울다 잠드는 경우가 많아요. 그런데 수유하지 않은 아기가 잠결에 울면 엄마는 아기가 배고파서 운다고 착각하게 됩니다. 잠이 와서 우는 아기를 자도록 두지 않고 엄마가 수유를 하면 자면서 먹는 아기가 될 수 있습니다. 특히 분유 수유를 하는 경우에는 시간을 보면서 수유해야 하기 때문에 아기의 생체 리듬과 시간을 적절히 고려하면서 수유를 해야 합니다.

아기는 배고픔과 포만감, 자고 싶은 감각과 깨어 있고 싶은 감각을 스스로 알아 갑니다. 이 과정이 천천히 진행되도록 아기에게 기회를 주는 것이 부모의 역할임을 잊지 마세요.

아기의 기질과
자기표현 존중하기

"저도 아기를 존중하고 싶어요. 내 아기가 다른 아기들과 다르다는 것을 인정하고 비교하고 싶지 않아요. 그런데 그게 너무 어려워요."

종종 아기를 존중하는 것이 어렵다고 호소하는 엄마들을 만납니다. 밤에 통잠을 잤다는 조리원 동기 아기가 마냥 부럽고 밤에 깨서 우는 내 아기가 밉기도 합니다. 새벽에 분유를 주면서 화가 나다가 그런 자신이 한심하게 느껴지기도 하지요. 이런 고민을 하는 엄마를 만나면 제가 더 속상합니다. 엄마의 따뜻한 마음과 깊은 사랑을 어떻게 하면 아기가 더 많이 경험하게 할 수 있을까 다시 고민이 되기도 합니다.

　당연히 내 아기를 다른 아기들과 비교할 수 있습니다. 특히 새벽에 깨면 엄마도 피곤하니까 화가 날 수 있지요. 화가 나는 마음을 스스로 관찰하고 부정적인 생각을 하는 자신이 한심하게 느껴진다는 이야기를 들을 때면 엄마의 마음이 얼마나 따뜻하고 사랑이 깊은지 새삼 느낍니다. 엄마가 스스로 부정적인 마음을 돌아보는 건 자신이 어떻게 변화하면 좋을지 고민하며 성장하고 있는 모습이니까요.

평균치의 함정에서 벗어나기

　일부 초보 엄마들은 내 아기와 다른 아기들을 비교했을 때 체중이 적게 나가거나, 키가 작거나, 통잠을 못 자거나, 수유 횟수가 다르면 불안을 느낍니다. 부모로서 당연히 느낄 수 있는 감정입니다. 이때 중요한 것은 불안을 외면하지 않고 스스로 들여다보며 점검하는 과정을 통해 부모로서 한 단계 더 성장할 수 있는 계기로 삼는 것입니다.

　평균치에 집중하지 말고 내 아기만의 리듬과 기질을 이해하려고 해보세요. 내 아기의 몸무게, 수유 횟수, 수면 패턴은 다른 아기와 단순히 비교할 수 없습니다. 평균이라는 수치는 어디까지나 참고 사항일 뿐 아기마다 자기만의 리듬과 속도, 감정과 기질로 성장합니다. 부모는 이 점을 충분히 인식하고 단지 부모 눈에 좋아 보이는 모습을 좇는 양육을 경계해야 합니다. 평균에 못 미친다는 것이 무엇을 의미하는지, 내 아기의 출생 시 체중과 건강 상태는 어떠했는지 등을 살펴보면서 지금 개입이 필요한 문제 상황인지 아니면 성장하는 과정이니 조금 더 지켜볼지를 판단할 수 있어야겠지요. 부모가 무엇을 해야 할지 인식하는 단계까지 나아가야 비로소 부모로서 역할을 하는 겁니다.

아기를 키울 때 한쪽으로 치우치지 않고 균형을 유지하기란 쉽지 않습니다. 그래서 일정한 주기를 따르는 신체 시계인 '생체 리듬'에 따라 아기가 잠을 자야 할 때 자고, 밥을 먹어야 할 때 먹도록 가르쳐 주는 것이 중요합니다. 먹어야 할 때 자고, 자야 할 때 먹는 것은 혼란입니다. 아기는 원래 혼란스러운 상태에서 태어났으므로 부모가 중심을 잡고 세상의 질서와 리듬을 알려 주어야 합니다.

아기는 부모보다 세상을 알지 못하고 적응하는 속도도 느립니다. 본능적으로 먹고 자는 것은 스스로 할 수 있지만 언제 자야 하고 어떻게 상호 작용하면서 놀아야 하는지는 매우 미숙합니다. 부모가 속도를 늦추고 시간을 들여 아기를 관찰하고 마음을 잘 읽어 내야겠지요.

평균치의 함정에 빠진 엄마
" 150ml는 먹는다는데 왜 100ml만 먹지?"
" 5분밖에 안 먹었는데 부족하지 않을까?"

아기의 마음을 읽어 내는 엄마
" 젖을 뗄 때는 표정이 편안해 보여. 충분했구나!"
" 젖을 산만하게 먹네? 배고프지 않은가 봐."

물론 부모라면 아기가 한 번에 얼마나 먹어야 하는지, 몇 분 동안 먹어야 하는지 알고 싶을 거예요. 하지만 어느 아기도 정밀하고 완벽하게 하루를 살지 않습니다. 먹다 쉬기도 하고, 먹다 자기도 하고, 덜 먹기도 하고 더 먹으려고 할 수도 있습니다. 그래서 얼마나 먹을지, 몇 분을 먹을지는 아기마다 다르고 같은 아기라고 하더라도 어제 다르고 오늘 다릅니다. 그저 부모는 아기가 먹어야 하는 시간에 먹는지 아기의 생체 리듬을 파악하고 그 시간에 아기가 자유롭게 먹도록 해주면 됩니다. 부모가 평온한 마음으로 아기가 자기의 호흡으로 먹고 놀 수 있도록 기회를 주어야 한다는 의미입니다.

아기가 겪는 혼란이나 불규칙한 행동을 판단하지 말고 따뜻하게 수용해 주세요. 부모는 아기의 표정과 행동, 눈빛, 거절과 요청의 신호를 읽고 해석하여 아기가 세상의 질서를 이해하고 신뢰하는 방법을 안전하게 배우도록 돕는 안내자입니다.

혼란을 겪는 아기를 수용하고 배려하는 부모의 마음은 아기에게 존중받는 느낌과 깊은 신뢰감을 심어 줍니다. 신뢰감이 마음에 씨앗으로 심어진 아기는 자신의 삶을 평가하지 않고 감정과 욕구, 사고와 관점, 의도와 기억을 자유롭게 표현하고 소통하는 사람으로 성장합니다. 이 모든 시작은 부모가 아기의 마음을 먼저 수용하고 아기의 방식대로 사랑을 전하려는 노력에서 비롯됩니다.

관찰하는 부모가 아기의 기질을 이해한다

사람들은 원하는 것을 갖지 못했을 때, 뜻하는 것이 이루어지지 않았을 때 힘들고 가슴 아파합니다. 하지만 그보다 더 가슴 아픈 것은 본인이 무엇을 원하는지 안다고 생각했는데 그 여정의 끝에서 자신이 원하는 것이 아니라는 걸 뒤늦게 깨달을 때입니다. 엄마가 아기를 사랑해서 했던 행동이 어느 순간 집착이나 강요였음을 깨달았을 때 부모는 깊은 혼란을 겪게 됩니다. 이 혼란을 피하려면 어떻게 해야 할까요?

부모가 가진 사랑을 부모의 방식이 아니라 아기의 방식으로 사랑받고 있다는 것을 느낄 수 있도록 전달하는 기술이 필요합니다. 아기가 얼마나 소중하고 특별한 존재인지 충분히 인지하도록 양육하기 위해서 부모가 해야 할 일은 아기가 언제 먹고 싶어 하는지, 아기가 운다면 울음을 멈추려고 하는 것이 아니라 무엇 때문에 울음이라는 방법으로 표현하는지를 관찰하는 것입니다.

아기들을 천천히 관찰하면 서로 다르다는 것을 알 수 있습니다. 아기 한 명을 양육하는 부모는 아기들이 서로 다르다는 것을 비교하기 어렵지만 저는 수십 년 동안 비슷한 개월 수의 아기들을 만나다 보니 아기들이 저마다 다르다는 것을 매일 느낍니다. 아기는 외부 세계에서 들어오는 자극에 반응하는 자기만의 방식을 타고납니다. 이런 개인적인 반응과 표현력을 기질이라고 합니다. 기질에는 수면 사이클, 식이 패턴, 소화 기능 등 다양한 생물학적 기능도 포함됩니다.

오늘 하루 내 아기를 찬찬히 관찰해 보세요. 어제와 오늘이 다르고, 오늘 오전과 오후가 다르다는 것을 느낄 수 있을 겁니다. 아기에게는 하루하루가 새로운 경험이니 새로운 경험을 할 때마다 반응하는 태도가 다르게 나타납니다.

아기는 자신이 필요한 것, 생각하는 것, 느끼는 것을 표현할 줄 압니다. 소리 지르고 울고 찡그리고 발로 차고 손으로 밀면서 자기표현을 합니다. 부끄러움이나 답답한 정도를 표현할 때도 울음의 크기와 톤이 다릅니다. 하루하루가 규칙적이어야 안정감을 느끼는 아기도 있지만 불규칙한 일상이 이어지더라도 어렵지 않게 적응하는 아기도 있습니다. 융통성이나 질서에 순응하는 정도도 다르지요. 기분이나 감정도 달라서 웃거나 부끄러워하거나 우울하거나 공격적인 성향도 다릅니다. 절망하거나 인내하는 한계도 다르게 타고납니다. 색, 소리, 냄새, 빛 같은 감각적 자극에 민감하게 반응하는 정도도 다르지요.

이처럼 아기는 특별하고 소중한 존재입니다. 그 특별함이 아기 고유의 색으로 빛날 수 있도록 부모는 아기의 리듬을 존중하고 감정을 수용하며 천천히 기다려 주는 연습을 해야 합니다. 부모의 사랑을 아기가 이해하고 느낄 수 있는 방식으로 전달하는 것이 바로 부모 교육의 핵심입니다.

매일 아침 같은 시간에
시작하는 양육 루틴

양육은 몇 시부터 시작해야 할까요? 저는 매일 아침 7시에 시작하라고 권합니다. 아기는 아직 아침을 모릅니다. 그래서 부모가 아침마다 7시가 되었다는 것을 알려 주어야 합니다. 매일 같은 시간에 아침을 맞이하는 이유는 단순히 시간을 맞추는 것이 아니라 아기에게 '세상은 예측 가능한 안정된 곳'이라는 메시지를 주는 중요한 신호입니다.

그렇기 때문에 아기의 생체 시계가 안정되도록 부모가 일정하게 하루를 시작하는 것은 핵심적인 양육 기술 중 하나입니다. 아기의 몸은 매일 아침 7시, 같은 시간에 햇빛을 보고 부모의 목소리를 듣는 경험을 반복하면서 낮과 밤을 구분하게 됩니다. 일정한 하루의 시작은 아기의 신체 리듬과 수면 흐름을 안정되게 만들어 줍니다. 예측 가능한 하루의 루틴 속에서 아기는 세상이 안전하고 신뢰할 수 있는 곳이라는 감각을 형성하며 정서적으로도 안정된 하루를 보냅니다. 아기의 하루가 일정하면 부모의 일상도 안정되어 육아 만족감과 자신감도 자연스럽게 높아집니다.

저는 매일 아침 같은 시간에 시작하는 양육법을 'RISEN 기상'이라고 부릅니다. Rhythm(리듬), Intention(의도), Stability(안정성), Environment(환경), Nurture(양육)의 첫 글자를 조합해서 만든 말입니다. RISEN 기상을 부드럽게 반복하면서 아기의 리듬을 존중하고 성장에 필요한 틀을 마련해 주는 안내자가 되어 보세요. 아기의 하루는 부모의 품에서 피어나는 작은 기적입니다.

Rhythm(리듬)
생체 리듬에 맞춰 기상하기

우리 몸의 생체 리듬은 빛에 노출되는 시간인 기상 시간에 가장 크게 영향을 받습니다. 그런데 아기는 태양주기에 따라 살아 본 경험이 없어서 태어난 직후에는 생체 리듬이 혼란스럽습니다. 이 때 부모는 아기의 생체 리듬이 태양주기에 맞춰지도록 햇빛을 보고 일정한 시간에 잠에서 깨는 경험을 반복하면서 낮과 밤을 인지할 수 있는 환경을 만들어 주어야 합니다.

해가 지면 집 안에 자연스레 어둠이 들어와야 합니다. 저녁 시간에 밝은 조명은 주의해야겠지요. 해가 사라졌는데 거실이 환하다면 아기의 생체 리듬은 혼란스러워질 수 있습니다. 그로 인해 아기의 밤잠이 늦어지거나 밤에 자주 깨는 원인이 되기도 합니다.

아침 기상 시간은 오전 6시 30분에서 7시 30분 사이가 적절합니다. 이 시간에 커튼을 열고 아기에게 부드럽게 말을 걸면서 안아 주고 수유를 하며 하루를 시작하는 겁니다. 아기가 더 자고 싶어 해도 부모는 매일 아침 같은 시간에 햇빛이라는 강력한 외부 자극을 아기가 경험할 수 있도록 해주어야 합니다. 아침은 생체 시계가 활동 모드로 전환되는 골든 타임입니다. 부모가 형성해 준 안정된 리듬은 아기에게 사랑과 신뢰, 세상과 연결되는 긍정적인 감각을 심어 주는 선물이 됩니다.

○ Intention(의도)
의도를 가지고 패턴 형성하기

매일 아침 같은 시간에 하루를 시작하면 아기의 몸은 자연스럽게 그 시간에 깨어날 준비를 하게 됩니다. 이 흐름은 '먹고 놀고 자는' 안정적인 패턴이 만들어지는 데 도움이 됩니다. 예를 들어 기상 시간이 7시로 일정하면 오전 수유 시간, 낮잠 시간, 밤잠 시간까지도 일정한 리듬을 타게 되지요.

뇌는 내가 무엇을 할지 모를 때 스트레스를 받습니다. 아기의 뇌도 똑같아요. 매일 아침 기상하는 시간이 다르면 아기의 생체 리듬은 계속 재조정됩니다. 결국 아기가 언제 먹어야 하는지, 언제 자야 하는지 혼란스러워지면서 부모는 부모대로 피곤하고 아기는 아기대로 감정이 예민한 하루를 보내게 됩니다. 반면 예측 가능한 하루의 시작은 아기에게 심리적인 안정감을 주고 이는 곧 부모의 혼란을 줄여 줄 수 있습니다.

Stability (안정성)
부모의 일상 안정화하기

아기의 하루가 일정하면 아기의 행동을 예측할 수 있게 되면서 부모의 하루도 안정됩니다. 특히 수유, 외출, 산책, 병원 진료, 손님맞이 등 일상의 여러 상황들을 부모가 계획할 수 있게 되지요. 부모의 일상이 안정되면 심리적 여유와 더불어 육아를 능숙하게 잘하고 있다는 만족감, 효능감, 자신감이 자연스레 높아집니다.

Environment(환경)
수면 환경 개선하기

수면의 질 또한 아침 기상 시간의 영향을 받습니다. 기상 시간이 일정하면 아기가 언제 피곤해하는지, 어떤 행동이 자고 싶다는 의미인지 부모가 구분할 수 있고 아기의 욕구를 알아채는 데 도움이 되지요.

규칙적인 기상은 멜라토닌과 코르티솔 같은 호르몬 생산을 정상화해 아기가 밤에 잘 자고 낮에 활동적일 수 있도록 해줍니다. 수면의 질은 아기의 성장, 신체 발달, 정서 안정, 뇌 발달에 긍정적인 영향을 미칩니다. 반면 수면 부족은 과민성과 불안정한 감정 상태로 이어지면서 아기의 일상생활에 부정적인 영향을 미칠 수 있습니다. 수면 중에는 기억 저장과 정보 처리가 이루어지는데, 이는 아기의 인지 발달에도 필수적이므로 기질에 상관없이 일관된 수면 환경을 조성해서 수면의 질이 좋아집니다.

Nurture(양육)
일관된 양육으로 정서 안정 찾기

기질이 까다롭고 민감한 아기일수록 변화에 예민하게 반응합니다. 그러므로 낮잠과 밤잠 시간이 안정적으로 맞춰지도록 일관성 있는 환경을 제공해야 합니다. 반대로 기상 시간이 늦어지거나 일정하지 않으면 낮잠 시간이 지연되거나 불규칙해지면서 아기의 어떤 행동이 피곤하다는 신호인지, 자고 싶다는 욕구 표현인지 구분하기가 어려워집니다. 아기가 다소 민감한 편이라면 일관된 환경을 제공하는 것이 아기가 더 편안함을 느끼면서 감정 조절 능력을 익히는 데 도움이 됩니다.

아기가 깰 때까지 재워야 할까?

때로는 "아기 스스로 잠에서 깨도록 두는 것이 자연스러운 양육 아닌가요? 매일 아침 인위적으로 깨우는 것이 저는 불편해요."라고 말하는 분도 있습니다. 맞습니다. 태어난 지 얼마나 되었다고 학교 다니는 것도 아닌데 굳이 곤히 잠든 아기를 깨우는 것이 자연스럽지 않게 느껴질 수 있습니다.

그렇다면 자연스럽다는 것은 무엇일까요? 나무와 계절, 꽃과 인간, 나이와 인생을 살펴보면 자연스럽다는 것은 들쭉날쭉하기보다 반복과 일관성이 존재한다는 사실을 알 수 있습니다. 정해진 시간에 어김없이 하늘에 떠오르는 태양, 계절의 변화, 한 달에 한 번 찾아오는 여성의 생리 등 자연은 오히려 큰 틀에서 보면 매우 규칙적이라는 것을 알 수 있습니다.

불규칙한 생체 리듬을 가진 아기보다 생체 리듬이 안정된 아기가 밤에 더 깊이 자고 낮에 잘 놀며 안정된 모습을 보여 줍니다. 아기가 스스로 깰 때까지 재우는 양육은 단기적으로는 자연스러워 보일 수 있지만 실제로는 아기의 생체 시계를 혼란스럽게 만들 수 있습니다.

부모의 역할은 아기의 문제를 대신 해결해 주는 것이 아닙니다. 스스로 삶을 살아갈 수 있도록 자연의 질서를 경험하게 해주는 거예요. 아침 7시가 되면 아기가 자더라도 태양주기에 맞게 햇빛이 집 안으로 들어오도록 커튼을 열어야 합니다. 아기를 깨우는 것이 아니라 자연의 질서를 경험하게 해주는 것이지요. 매일 반복하면 아기 스스로 자연스럽게 태양주기에 따라 하루를 보내게 됩니다. 엄마가 매일 아침 7시에 하루를 시작한다는 것은 아기가 하루를 정돈된 리듬으로 시작하도록 돕는 것이며 해가 뜨면 기상하고 해가 지면 자는 지극히 자연스러운 삶을 경험하게 해주는 것입니다.

부모 중심적 양육법
vs 아기 중심적 양육법

　부모는 아기가 잘 크고 있는지 늘 확인받고 싶어 합니다. 자신이 아기를 잘 양육하고 있다는 사실도 인정받고 싶어 하지요. 아기가 잘 먹고, 잘 놀고, 잘 자면 신체적·정신적으로 건강하게 성장하고 있다는 의미임에도 부모는 늘 불안해합니다. 외부에서 혹여나 "아기가 왜소한데 잘 먹이는 거 맞아요?", "아기가 왜 이렇게 울까, 어디 아픈 거 아니에요?"라는 말을 들으면 엄마는 '내 양육에 문제가 있나?'라는 생각에 불안과 두려움에 휩싸이게 되지요. 이런 감정을 느끼는 건 정상입니다.

　다른 사람이 별생각 없이 툭 던진 말에 엄마는 자신의 양육 패턴을 잃고 헤매기도 합니다. 아빠가 곁에서 "괜찮아, 잘 하고 있어."라고 말해 줘도 근심은 해소되지 않습니다. 오히려 남편이 성의 없이 반응한다고 자신의 불안을 남편에게 쏟아붓기도 합니다.

부모는 양육을 하면서 감정적으로 안정되고 소속감을 느끼길 바라며 애정과 격려를 원합니다. 아기도 마찬가지입니다. 부모로부터 안전하다는 메시지를 받고 싶어 하며 보호받고 사랑받는 느낌을 원하지요. 그래서 아기를 양육할 때는 자신이 처한 상황을 다른 시각에서 바라보는 관점이 필요하고 상황을 긍정적인 방향으로 해석하는 것이 중요합니다. 엄마가 자신에게 상처를 주지 않으려면 어떻게 해야 할까요?

○ 양육을 완벽하게 하려는 생각 내려놓기

엄마가 처한 상황을 다른 시각으로 바라본다고 해서 당장 상황이 달라지는 건 아닙니다. 아기는 여전히 울고, 먹지 않고, 잠을 자지 않을 수 있습니다. 하지만 상황을 어떻게 해석하느냐에 따라 엄마의 감정과 태도가 바뀌고 아기와의 관계와 양육 방향이 달라질 수 있습니다.

상황을 다르게 해석하려면 양육을 완벽하게 해야 한다는 생각을 내려놓고 '관찰'에서 다시 시작해 보세요. 양육은 매뉴얼이 없습니다. 정답이 있는 문제를 푸는 것도 아니지요. 아기가 자주 울고, 분유를 덜 먹고, 낮잠을 거부하는 이유를 논리적으로 설명하려 할수록 부모는 더 깊은 혼란에 빠지게 됩니다. 이때 가장 필요한 건 정답을 찾는 마음이 아니라 지금 내 아기를 바라보는 마음입니다.

부모는 아기가 왜 그런 행동을 하는지 많은 의미를 부여하는데, 이런 부모 중심적 생각이 양육 자신감을 떨어뜨리고 혼란에 빠지게 합니다. 반대로 부모가 아기 중심적 생각과 행동을 할 때 혼란에서 벗어날 수 있습니다.

부모 중심적 생각
"대체 무엇 때문에 울고 보채는 거야? 떼쓸 일도 아닌데 예민하네."

아기 중심적 생각
"아기가 하고 싶은 말이 있나 봐! 무엇을 말하고 싶은 걸까?"

아기가 밤잠에서 자주 깨고, 수유 패턴이 흐트러지고, 낮에 이

유 없이 보챌 때 부모는 마음이 무너질 듯 흔들립니다. 그럴 때 '내가 무언가 잘못한 걸까?'라는 부모 중심적 생각보다 '이 변화는 어떤 성장의 징후일까?'라는 아기 중심적 생각으로 자신에게 질문을 던져 보는 건 어떨까요?

혼란은 때로 아기가 새로운 감각을 받아들이는 과정이자 부모가 새로운 관점을 갖게 되는 성장의 문이기도 합니다. 양육의 길은 예측 불가능한 곡선입니다. 완벽하게 곧은 선을 따라가는 것이 아니라 곡선의 흐름 속에서 나만의 리듬을 찾아가는 여정입니다. 혼란이 왔다는 건 변화가 시작되었다는 뜻이고, 변화는 부모와 아기 모두를 더 깊게 성장시킵니다. 좋은 부모란 혼란 앞에서 멈추지 않고 함께 걸어가려는 사람입니다.

○ 아기의 신호를 읽는 정서적 연결

"좋은 부모가 되고 싶은데 저는 매일 실수를 해요."

많은 부모가 이렇게 말합니다. 저는 이 말에서 아기에 대한 엄마의 깊은 사랑과 책임감, 성실함을 느낍니다. 양육에서 중요한 건 완벽함이 아니라 아기와의 소통과 교감, 상호 작용이 어우러진 정서적 연결입니다. 아기가 신호를 보내고 부모가 그 신호를 읽는 순간 비록 정확하진 않아도 시도 자체가 아기에겐 정서적 연결이고 교감입니다.

직감은 '시도'에서 발달합니다. 때로는 실수하고 혼란을 겪으면서 아기와의 정서적 연결이 깊어질수록 부모는 혼란 앞에서도 무너지지 않고 자신만의 고유한 양육 감각을 확실히 느끼게 됩니다. 직감은 완벽한 부모가 아닌 깨어 있는 부모에게 주어지는 선물입니다.

'아기를 보호하려다가 그런 일이 생겼어.
내 진심이 아기에게 전달됐을 거야.
지금 이 순간도 충분히 잘하고 있어.
아기도 나도 지금 이대로 괜찮아.'

양육이 유쾌하고 의미 있는 인생의 일부가 되길 바라나요? 그렇다면 완벽이 아닌 진심이 아기에게 전달되는 근사한 양육을 해보세요. 부모가 되어 양육자라는 새로운 역할에 기쁨을 느끼는 만큼 어려움을 겪는 건 자연스러운 일입니다. 양육으로 인한 환경 변화를 자연스럽게 받아들일 때 부모는 정신적으로 성장하는 과정을 경험하게 됩니다.

부모마다 양육 경험이 다르기 때문에 누군가는 무엇과도 견줄

수 없는 행복한 경험이라고 하는 반면 누군가는 그저 혼돈의 도가
니였다고 말하기도 합니다. 특히 출산 전에 규칙적인 생활을 하던
부모라면 규칙성이 없는 아기가 삶의 일부가 됐을 때 더 많이 혼
란스러워합니다. 이때 엄마가 겪는 시행착오마저도 양육의 일부
임을 받아들이는 자세가 필요합니다.

  완벽한 부모는 없습니다. 오히려 불완전함을 인정하고 사랑을
주는 부모가 아기에게 안전한 존재가 됩니다. 아기와 부모 사이를
잇는 다리는 '잘해야 한다'는 완벽한 다리가 아니라 '있는 그대로
괜찮다'는 믿음의 다리입니다. 이 믿음의 다리가 자책이 아닌 성
장으로 이어줍니다.

`SOS! 소장님 도와주세요`

혼란을 버티는 부모의
자기 돌봄 방법

① '이건 감정이지 내가 틀린 게 아님'을 인식하기

감정과 자신을 분리해서 인식하면 감정에 휩쓸리지 않고 중심을 잡을 수 있습니다. 감정이 몰아칠 때 이렇게 말해 보세요.

> "지금 나는 혼란스럽고 힘들어.
> 그래도 이 감정이 나를 지배하지 않도록 나 자신을 챙길 수 있어."

② 지금 내 안에 있는 세 가지 감정 적기

종이나 휴대폰에 지금 느끼고 있는 세 가지 감정을 쓴 후 간단한 문장을 이어 적어 보세요. 모든 감정은 옳고 그름 없이 중요하고 소중합니다. 감정은 날씨처럼 변화하므로 흘려보내려면 그때그때 감정을 느끼고 인정하는 시간이 필요합니다. 감정에 묶이면 내 안에 남아 압박이 됩니다.

> 불안함, 피곤함, 외로움
> "나는 이 감정을 느낄 자격이 있어. 오늘도 내 마음 수고했어."

제1장 양육의 시작, 아기와의 관계 이해하기

③ '지금 여기'로 자신을 되돌리기

감정이 휘몰아칠 때 현재로 돌아오는 훈련입니다. 혼란 속에서 혼자 허우적거릴 때 아래 순서대로 따라 하며 몸의 감각에 집중해 보세요. 뇌가 위험 신호를 줄이고 안정감을 느끼게 됩니다.

- 5가지 보이는 것: "무엇이 보이니? 5가지만 이야기해 볼까?"
- 4가지 들리는 소리: "무슨 소리가 들리니? 4가지만 이야기해 볼까?"
- 3가지 만져지는 감각: "3개만 만져 보고 어떤 느낌인지 이야기해 볼까?"
- 2가지 냄새나는 것: "로션을 발라 보자. 무슨 냄새가 나니?"
- 1가지 맛본 것: "물을 한 모금 마셔 보자. 물맛이 어때?"

④ 15분의 '내 시간 루틴' 만들기

아기가 낮잠 잘 때나 저녁 시간 등 매일 일정한 시간에 나를 돌보는 루틴을 설정해 보세요. 반복되는 자기만의 루틴이 마음을 붙잡아 주는 고정점이 됩니다.

> 따뜻한 차 한 잔 마시기 + 음악 듣기
> 짧은 스트레칭하기 + 창밖 보기
> 좋아하는 책 1쪽 읽기

⑤ "괜찮지 않아도 괜찮아"라고 말하는 연습하기

자신에게 허용과 연민을 보이는 순간 감정은 가라앉기 시작합니다. 아래의 '내면의 압박을 줄여 주는 말'을 따라 읽어 보세요.

> "지금 난 너무 힘들어. 괜찮지 않아도 괜찮아."

6 오늘 내가 잘한 일 하나만 기록하기

아무리 작은 일이어도 괜찮아요. 위기의 순간일수록 자신을 칭찬하는 루틴이 필요합니다.

[
아기에게 따뜻하게 말해 줬다.
감정이 올라올 때 한숨을 쉬고 참았다.
밥을 맛있게 먹었다.
]

7 도움 요청하기

내가 무너지지 않으려면 누군가와 연결되는 것도 자기 돌봄의 한 방식입니다. 우리는 혼자서 모든 것을 견뎌야만 하는 존재가 아닙니다. 누군가와 연결될 때 더 빠르게 회복됩니다.

[
친구나 배우자에게 도움받고 싶은 일 구체적으로 요청하기
전문가와 짧게라도 대화 나누기
]

부모 목소리가
아기에게 미치는 영향

　새싹에게 물과 햇볕이 있어야 나무로 성장하는 것처럼 부모의 목소리는 아기에게 감정의 통로이자 뇌 발달에 있어서 물과 햇볕 역할을 합니다.
　부모가 부정적인 언어로 말하면 아기 또한 부정적인 언어를 모방하게 됩니다. 부모에게 비판적인 말을 듣고 자라면 타인에 대한 존경심을 갖기가 어렵겠지요. 아기는 부모가 통제력을 잃고 화내는 모습도 그대로 배웁니다. 아기에게 통제력을 잃어도 된다고 교육하는 것과 같은 셈이지요.

아기와 연결되는 정서 주파수

부모의 언어에는 아기와 연결되는 특별한 주파수가 있습니다. 아기는 부모가 사용하는 단어뿐만 아니라 목소리 톤에 담긴 에너지, 의도, 정서를 함께 느낍니다. 아기와 시선을 맞추고 수용의 눈길로 바라보며 부드럽게 쓰다듬어 주는 행동 역시 많은 메시지를 전달합니다. 아기의 작은 표현에도 부모가 따뜻한 말과 행동으로 반응할 때 정서가 연결되는 주파수가 형성되는 것이지요.

기저귀를 갈아 주는 과정에서 아기가 울 때 평온한 목소리로 "기다려 줘, 엄마가 도와줄게."라고 말하면 아기는 단어의 정확한 의미는 몰라도 '괜찮아질 것 같은 예감'을 느끼게 됩니다. 이것이 바로 정서적 공감이며 '소리 없는 소리'로 아기에게 다가가는 방식입니다. 여기서 중요한 것은 억양입니다. 아기는 짜증스러운 목소리로 말하는 것과 따뜻하고 평온한 목소리로 말하는 억양을 구분할 수 있고 그 감정을 그대로 모방해서 받아들입니다.

부모가 아기를 부르면 아기 뇌 속 거울신경 세포mirror neuron는 부모가 자신을 어떻게 부르는지를 보면서 자신의 입술과 혀가 부모의 것과 같은 위치에 있는지 떠올리게 합니다. 또한 부모가 문제를 어떻게 해결하는지, 차분하게 해결하는지, 어쩔 줄 몰라 당황하는지를 보면서 말과 행동을 그대로 아기의 뇌에 '거울처럼' 반사해 내면화합니다. 내면화를 통해 아기에게 비슷한 문제가 발생했을 때 똑같이 반복하도록 뇌를 프로그램화하지요.

예를 들어 부모가 당황하고 화내고 비난하는 말투를 사용하면 아기의 뇌는 부모의 말투를 '이 상황에 적절한 반응'으로 기억합니다. 즉 비난을 듣고 자란 아기는 타인을 존중하는 법을 배우기 어렵고, 통제적인 말을 듣고 자란 아기는 자신의 감정을 억누르거나 폭발시키는 방식으로 행동하게 되는 것이지요. 이처럼 부모가 무심코 던지는 말은 아기가 '자기 이미지'(자신이 어떤 사람이라고 생각하는 자기 자신에 대한 마음속 그림)를 만드는 데 기준이 됩니다. 이렇게 형성된 자기 이미지는 훗날 아기의 사회적 행동 패턴으로 이어질 수 있다는 점을 명심해야 합니다.

부모와 아기를 잇는
소통의 본질

아기는 경험과 느낌으로 안전함을 인지합니다. 그래서 부모가 아무리 안전하다고 말해도 소용이 없습니다. 안전함은 안아 주기, 스킨십하기, 마주 보기, 눈 맞춤하기, 천천히 말하기, 부드럽게 표현하기, 긍정적인 언어 사용하기를 통해 경험과 느낌이 반복되어 기억으로 축적됩니다.

아기의 기억은 '존재의 시간'이 쌓이면서 경험을 통해 만들어집니다. 함께 눈을 맞추고 부드러운 목소리로 "오늘은 네가 숟가락을 잡았구나, 대단해!"라고 구체적으로 말해 주는 순간의 경험은 아기에게 "나는 누군가에게 소중한 존재야."라는 정체성을 심어 줍니다. 아기가 자라서 그 경험을 떠올릴 때 세상을 믿고 도전하고 싶은 마음이 생겨납니다. 이 모든 순간의 중심에는 부모의 목소리와 목소리에 담긴 에너지가 있습니다.

" 나는 아기가 스스로 할 수 있도록 기회를 준 멋진 엄마야."

부모의 목소리는 아기만 듣는 것이 아닙니다. 부모 자신을 위한 피드백이 되기도 하지요. 부모 자신에게도 목소리가 부메랑처럼 돌아와 무의식적으로 자기 자신을 격려하고 회복하게 됩니다. 부모의 목소리는 아기와 양방향 소통의 본질이며 부모 자신을 지지하는 심리적 도구가 되는 것이지요.

미국 정신과 의사이자 뇌 과학자 대니얼 시걸 Daniel Siegal 박사는 "우리가 아이들과 소통하는 방식이 아이의 뇌를 만든다."라고 말합니다. 여기서 소통이란 단지 말의 내용이 아닌 눈 맞춤, 얼굴 표정, 목소리 톤, 자세, 몸짓, 타이밍, 자극의 강도 등 모든 것을 포함합니다. 이 요소들이 조화를 이룰 때 아기의 뇌에 정서적 안정과 반응 조절을 위한 회로가 만들어집니다.

아기의 시선이 어디에 있는지, 아기의 호흡이 어떤지 느끼며 아기와 정서적으로 연결되고 싶은 열정을 갖는 것만으로도 충분합니다. 엄마 스스로 세상을 아름답게 본다면 엄마의 에너지가 아기에게 고스란히 전달되니 자신감을 가지세요. 부모 역할의 핵심은 아기에게 자신과 주변 세계가 안전하다는 믿음을 키워 주는 것이니까요.

부모가 된다는 것은 한 생명을 책임지는 것 이상으로 누군가의 삶에 깊이 관여하는 매우 특별한 특권입니다. 부모로서 자신을 믿고 스스로에게 에너지를 채운 뒤 아기에게 "세상은 아름다운 곳이야."라고 말해 주는 건 아기의 내면에 '안전', '신뢰', '자존감', '자신감'이라는 씨앗을 심는 일입니다. 오늘 아기에게 들려준 목소리가 아기의 정서 지능에 빛을 밝히는 전구가 되어 줄 겁니다.

나는 좋은 부모가 될 수 있을까?

　우리는 어린 시절 부모로부터 "네 기분이나 감정은 중요하지 않아."라고 무시 당하거나 감정 표현을 하면 철딱서니 없는 행동이라며 억압 받았을 수 있습니다. 정신분석학자이자 임상 심리학자인 낸시 맥윌리엄스Nancy McWilliams는 자신의 저서 《정신분석적 진단: 성격 구조의 이해》에서 양육이 성인의 삶에 어떤 영향을 미치는지 아주 잘 표현해 주고 있습니다.

　"인생은 불공평하다. 어린 시절에 고통을 많이 겪은 사람은 대개 성인이 되어서도 큰 고통을 겪는다. 그리고 이런 일은 기이하게도 어린 시절의 환경을 모사한 듯 비슷한 시나리오로 반복해서 일어난다. 설상가상으로 그들이 성인이 되어 겪는 상황은 주변인의 눈에는 그들 스스로 만들어 내는 고통으로 보인다. 어린 시절을 두려움에 떨고, 방치되고, 학대당하며 보낸 사람은 그런 환경을 재창조해 고통을 심리적으로 극복하고자 하는 욕구를 품는다. 이런 행동이 그들의 비극이 반복되게 한다."

과거에 자신이 어떤 양육을 받았는지는 현재 아기와 상호 작용하는 과정에서 그대로 대물림하는 형태로 전달될 수 있습니다. 아기가 세상은 혼란스럽고 무의미하며 비정한 곳으로 경험하게 될지, 세상은 선하고 아름다우며 서로 돕는 곳으로 경험하게 될지는 부모의 양육에 의해 결정됩니다.

○ 양육 효능감을 높이려면

미국 경제학자 제임스 헤크먼 James Heckman 은 '영유아 시기에 발달 과정의 문제를 예방하는 것이 경제적으로 바람직한 투자'라는 사실을 연구해서 2000년에 노벨 경제학상을 받았습니다. 헤크먼은 어린 시절에 겪은 불리한 환경을 나중에 보완하는 것은 비효율적이며 양육은 예방이 우선이라고 강조했습니다.

세상은 변화해 왔고 앞으로도 계속 변할 겁니다. 그럼에도 인간의 본성은 바뀌지 않을 거예요. 새로운 지식을 받아들여서 내 삶에 적용하고 아기를 낳아 양육하는 과정에서 내 어린 시절 모습을 대물림하지 않고 새로운 양육을 선택하는 것은 용기입니다.

　부모가 바꾸려고 노력하면 얼마든지 새로운 형태의 양육으로 아기와 감정적으로 교감하고 정서적으로 연결될 수 있습니다. 양육에는 사랑이 중요하지만 기술도 필요합니다. 이기적인 본성으로 가득한 한 사람이 세상과 더불어 사는 법을 배우는 단계로 넘어가는 과정은 양육을 통해서 가능합니다.

　사람은 평생토록 성장하는 존재입니다. 성장하려면 자신의 삶에 집중하면서 현재를 인정하고 더 나은 자신이 되기 위해 변화를 실천하는 자세를 가져야 하지요. 그럼 엄마가 집중해야 하는 삶은 무엇일까요? 그리고 더 나은 부모가 되기 위해 구체적인 실천을 한다는 것은 무슨 뜻일까요? 저는 아기를 돌보는 일에서 집중하고 기쁨을 느끼며 그 삶에 시간을 허용하는 것이라고 생각합니다.

　양육 환경에 익숙해지면 아기와 정서적으로 연결되는 작은 기쁨과 성취가 차곡차곡 쌓이면서 자연스럽게 양육 효능감이 높아집니다. 아기의 감정을 어떻게 다루고 어떤 방식으로 상호 작용해야 하는지 알면 부모의 양육 효능감은 더 강해집니다. 이를 위해 자신의 양육 유형을 점검해보는 건 어떨까요? 부모와 아기가 함께 성장하는 상호 작용을 실천하는 데 큰 도움이 될 겁니다.

`SOS! 소장님 도와주세요`

아기의 부정적인 신호를 대처하는 법

상황1: 기저귀 갈기 싫다고 울며 몸을 비틀 때

이 상황을 단순히 말 안 듣는 행동이나 버릇으로 받아들이지 않아야 합니다. 아기의 감정 속에는 불쾌함, 무력감, 통제받는 느낌 혹은 갑작스러운 변화에 대한 거부감이 있음을 이해하려고 해보세요. "기저귀 갈아야 하니까 조금만 참아!"라는 효율 위주의 대처가 아닌 "기저귀 갈 때도 네 감정이 존중받을 수 있어."라는 상호 작용의 기회로 바꿀 수 있습니다.

① 아기 감정 인식하기

울음, 몸 비틀기, 찡그린 표정 등은 아기 입장에서는 부모에게 보내는 강한 메시지입니다. 아기의 감정 신호를 민감하게 인식합니다.

> "몸을 움직이고 싶은데 눕는 게 마음에 안 들었구나.
> 몸을 뒤틀면서 힘을 주고 있네?"

② 감정에 공감하며 다가가기

아기의 마음을 짐작해 말해 줌으로써 아기에게 부모는 '나를 이해해 주는 사람'이라는 신뢰를 심어 줍니다.

["갑자기 누워서 기저귀 갈기 귀찮고 재미없게 느껴졌을 수도 있겠구나."]

③ 감정을 언어로 정리해 주기

아기가 아직 말하지 못해도 엄마가 대신 아기 감정에 언어를 입혀 주는 것은 정서 발달에 매우 중요합니다.

["몸을 움직이지 못해서 싫고 네 맘대로 안 되는 기분이 드는구나?"]

④ 신체 감각을 존중하며 대응하기

아기의 민감한 촉각 반응을 고려해 환경을 조절하고 강압적인 태도 대신 협력적인 태도로 대합니다.

["엄마가 천천히 조심조심 할게. 엉덩이가 차가울 수 있으니까 따뜻한 물수건으로 닦아 보자."]

⑤ 안전한 경계 설정과 전환 도와주기

불편한 감정은 수용하되 기저귀를 갈아야 하는 필요성을 설명하고, 놀이나 다른 선택지를 통해 심리적 통제감을 줄여 줍니다.

["기저귀는 꼭 갈아야 해. 우리 노래 부르면서 해볼까?"]

상황2: 이유식 먹기 싫다고 고개를 돌릴 때

아기의 먹기 싫다는 신호를 '거절'로 보지 않고 '지금 이 순간의 감정과 상태'를 이해하는 기회로 삼아 보세요. 중요한 것은 아기가 고개를 돌릴 때 말 잘 듣게 하려는 통제가 아닌 아기와의 상호 작용을 통한 신뢰 형성의 시간으로 여겨야 한다는 점입니다.

① 아기 감정 인식하기

아기의 먹기 싫어하는 행동을 엄마가 판단하거나 억제하지 않고 감정 표현으로 받아들입니다.

["지금 먹기 싫은 마음이구나. 고개를 휙 돌렸네?"]

② 감정에 공감하며 다가가기

아기의 표현을 감정 언어로 풀어 주면 '내가 느끼는 불편함을 엄마가 알아주는구나' 하는 안정감이 형성됩니다.

["그랬구나, 뭔가 먹기 싫은 기분이구나. 지금은 입에 넣기 싫었지?"]

③ 아기의 리듬 존중하기

아기의 감정을 수용하면서 부모가 조급하거나 실망한 기색 없이 기다려 주는 태도는 아기의 자기 조절 능력을 길러 줍니다.

["괜찮아, 잠깐 쉬자. 천천히 먹어도 돼. 네가 준비되면 다시 먹어 보자."]

④ 상호 작용 유지하기

아기에게 말을 걸듯이 대화를 이어 가면서 부담을 줄이고 긍정적인 먹기 경험으로 바꾸는 기회를 만듭니다.

> "아까는 호기심 있게 잘 보더니 지금은 안 먹고 싶구나.
> 혹시 맛이 낯설었니?"

⑤ 행동과 경계 조절하기

감정을 수용하되 생활 규칙은 유지합니다. '먹지 않아도 되는 자유'와 '자리를 지키는 습관'을 함께 가르치는 방식입니다.

> "지금은 이유식 시간이야. 안 먹어도 괜찮아.
> 그래도 앉아서 잠깐 기다려 보자."

상황3: 잠자기 싫다고 몸을 꼼지락거리며 울 때

아기의 거절 행동을 아기의 감정에 숨겨진 욕구나 불편을 이해하려는 태도로 반응합니다. 이 과정에서 아기의 감정은 엄마가 억제하거나 조용히 시켜야 하는 대상이 아니라 관계와 신뢰의 연결점으로 여겨 보세요.

① 아기 감정 인식하기

아기가 표현한 몸짓, 표정, 소리를 통해 부모가 감정을 읽고 인식합니다. 인식은 감정 코칭의 시작입니다.

> "지금 잠자기 싫은 마음이구나.
> 몸을 꼼지락꼼지락, 울기도 하고…."

② 감정에 공감하며 다가가기

단순히 '자야지'라는 논리보다 아기의 감정을 정당한 것으로 인정합니다.

> "아직 자고 싶지 않은 기분이구나.
> 잘 시간인데 마음이 안 내키는 날도 있어."

③ 감정을 언어로 정리해 주기

아기가 직접 표현은 못 해도 부모가 감정을 언어화해 주면 아기는 '내 마음을 이해받았구나' 하고 느낍니다.

> "더 놀고 싶은 마음이 들 수 있어."
> "자고 싶은데 잠이 금방 오지 않아서 짜증이 났구나."

4 애착 행동과 조절 도와주기

아기의 긴장된 몸을 부드럽게 이완시켜 신체적 안정과 감정 조절을 함께 도와줍니다.

> "(부드럽게 안으며) 엄마가 옆에 있어 줄게.
> 조금씩 몸을 이완해 보자. 엄마 숨소리 들어 봐."

5 안전한 전환 돕기

감정을 인정받고 나면 아기도 점차 수용 상태로 바뀝니다. 이때 부모는 부드럽게 전환을 이끕니다.

> "이제 따뜻한 잠자리가 기다리고 있어.
> 자는 동안에도 엄마 마음은 너랑 함께 있단다."

아직은 자고 싶지 않아요!

상황4: 예방 접종 후 아기가 크게 울 때

단순히 "괜찮아, 울지 마!"라고 감정을 덮거나 회피하는 것이 아닌 아기의 감정을 있는 그대로 받아들이고 안전한 공간에서 감정을 표현할 수 있도록 도와주는 것이 핵심입니다.

① 아기 감정 인식하기

부모는 아기의 감정을 인정하고 그 감정이 타당하다는 사실을 마음속으로 수용합니다.

["우리 아기 많이 놀랐구나. 주사 맞고 정말 아팠지?"]

② 감정에 공감하며 다가가기

아기가 감정을 표현해도 되는 안전한 공간에 있다는 것을 느끼도록 충분한 시간을 줍니다. 이 시간은 부모의 시간이 아니라 아기의 시간입니다.

["아프고 무서웠지? 큰 소리로 불편했다고 표현하고 있구나."]

③ 감정을 언어로 정리해 주기

아기의 감정을 언어로 정리해줌으로써 아기 스스로 감정을 다루도록 돕습니다.

["맞아, 아팠을 거야. 아픈 건 누구에게나 힘든 일이야."]

4 신체적 위로와 애착 행동 제공하기

아기의 감정 표현을 억제하지 않고 신체적인 안정감을 주는 것이 핵심입니다. 감정을 조절하는 뇌가 성장할 수 있는 기반이 됩니다.

> 아기를 안아 주고 쓰다듬으며
> 조용히 속삭이거나 리듬 있게 흔들어 주기.

5 다시 일상으로 복귀하기

아기의 감정이 충분히 수용된 후 안정을 찾으면 일상으로의 회복을 도와주는 대화로 이끕니다.

> "이제 괜찮아졌나 보구나. 주사는 아프지만 반드시 맞아야 하는 거야.
> 다음에 또 예방 접종을 하러 올 거야.
> 그때도 아프면 크게 표현해도 괜찮아, 엄마가 옆에 있을게."

아기의 감정을 다루는 부모의 양육 유형

부부 관계 연구로 유명한 심리학자 존 가트맨John Gottman 은 감정 코칭emotion coaching 이론을 통해 부모의 양육 유형을 체계적으로 정리했습니다. 가트맨은 부모가 아기의 감정을 어떻게 다루느냐에 따라 네 가지 유형인 '축소 전환형', '억압형', '방임형', '감정 코칭형'으로 분류했습니다.

각 유형의 특징을 살펴본 후 자신이 어느 유형에 해당하는지 파악해 보면 부모로서 그동안의 말과 행동을 되돌아보고 조정하는 데 도움이 될 겁니다. 혼자서 판단하기 어렵다면 엄마와 아빠가 서로의 유형을 함께 찾아보는 것도 좋은 방법입니다.

부모의 양육 유형(1)
축소 전환형

아기가 울면 가장 먼저 아기를 안고 "울지 마, 괜찮아."라고 달래지 않나요? 울음의 원인을 살펴보기보다 소리가 나고 빛이 번쩍번쩍 나는 장난감으로 감정을 전환시키려고 하는 경향도 있을 겁니다. 이는 '축소 전환형' 부모의 특징입니다. 감정을 '좋은 감정'과 '나쁜 감정'으로 이분화해서 아기가 슬픔이나 분노 같은 부정적인 감정을 표현할 때 이를 인정하기보다는 빠르게 다른 감정으로 전환시키려 합니다.

아기가 기저귀를 교체할 때 울면 음악이 흐르는 사운드 장난감을 흔들면서 감정을 분산시키거나 또는 "괜찮아, 괜찮아!"라고 하면서 기저귀 교체 시 아기가 느끼는 불편감을 인정하지 않습니다. 아기 입장에서는 기저귀를 갈아야 하는 이유를 아직 어른만큼 인지하지 못하기 때문에 기저귀 가는 것이 불편할 수 있습니다. 그러나 부모는 아기가 느끼는 불편감을 자각하지 못하도록 전환하려고만 하지요. 이런 방법으로 양육을 받은 아기는 '기저귀를 교체할 때 느낀 불편하다는 감정은 잘못된 거구나'라고 잘못된 경험을 하면서 자신의 감정을 신뢰하지 못하거나 감정 표현을 억제하게 될 수 있습니다. 성인이 된 후 자신감 부족, 타인의 감정에 대한 과도한 민감성, 감정 표현의 어려움으로 이어지기도 합니다.

부모의 양육 유형(2)
억압형

"큰 소리로 우는 건 나쁜 거야!"라고 말하며 아기가 부정적인 감정을 표현할 때 억제하거나 벌을 주고, 때로는 위협적인 태도를 보이는 유형입니다. 아기의 불편한 감정을 수용하지 않고 이를 비난하거나 처벌하는 방식으로 반응합니다.

어린 아기의 경우 울지 않도록 하기 위해 공갈젖꼭지(쪽쪽이)를 억지로 물리기도 합니다. 아기가 고개를 젓거나 물기를 거부해도 부모는 공갈 젖꼭지가 빠지지 않도록 꾹 누르며 억지로 물립니다. 이런 반응은 아기에게 '너의 감정 표현은 중요하지 않아.', '울지 말았으면 좋겠어.'라는 억압의 메시지로 전달될 수 있습니다.

이유식을 시작한 후에도 비슷한 양육 태도가 반복됩니다. 아직 먹을 준비가 안됐는데 부모가 입술을 툭툭 쳐서 음식을 입에 넣는 경우 아기가 놀라서 울거나 음식을 뱉어내면 부모는 "예민한 아이야", "이렇게 까다로워서 어떻게 해?"라며 화를 내기도 하지요. 이처럼 감정 표현을 잘못된 행동으로 여기고 권위적인 태도로 문제를 통제하려는 방식은 아기가 자신의 감정을 '나쁜 것'으로 인식하게 만들고, 감정을 억누르거나 수치심을 갖게 합니다. 결국 감정 조절에 어려움을 겪는 아이로 성장하게 되지요.

감정을 억압당한 아이는 두 가지 방향으로 반응할 수 있습니다. 하나는 더 강한 방식으로 감정을 표출하는 것입니다. 자신의 마음을 설명하거나 표현하기보다 주먹부터 나가는 충동적이고 공격적인 행동으로 감정을 해소하려 할 수 있습니다.

또 다른 방향은 감정 자체를 인식하지 못하는 상태로 성장하는 것입니다. 이런 아이는 시간이 흐르면서 '내가 무엇을 느끼는지, 내가 무엇을 원하는지' 모르는 채 살아가게 됩니다.

부모의 양육 유형(3)
방임형

"초콜릿이 녹아서 속상했구나, 하나 더 줄게."라며 아기의 감정에 공감하지만 경계를 설정하지 못하는 유형입니다. 축소 전환형이나 억압형과 달리 방임형은 아기의 감정을 억누르지 않고 인정합니다. 그래서 겉보기에는 이상적인 부모로 보이지만 행동의 방향이나 한계를 제시하지 못해 아쉬운 유형입니다. 예를 들어 이유식을 먹어야 하는 아기가 간식을 요구할 때 부모는 원칙을 정하지 못하고 아기가 원하는 것을 그대로 제공합니다. 이런 반응은 아기가 '내가 원하는 건 언제든지 바로 얻을 수 있다'는 경험을 반복하게 만들고 좌절을 경험할 기회를 **빼앗게** 됩니다.

이런 양육 방식의 대표적인 예로 영화 《해리 포터와 마법사의 돌》 장면이 있습니다. 해리의 사촌 더들리가 생일 선물 개수를 세면서 작년보다 하나가 적다고 울면서 짜증을 냅니다. 이때 더들리의 부모는 "괜찮아, 더 사주면 되잖니."라며 울음을 멈추기 위해 즉각적으로 더 많은 선물을 제공하려 합니다. 특히 엄마인 피튜니아는 아들이 불편함이나 좌절을 견디게 하는 대신 보상과 물질로 감정을 달래는 방식을 반복합니다. 결과적으로 더들리는 영화에서 감정 조절 능력이 부족하고 작은 좌절에도 격하게 반응하는 미성숙한 모습으로 그려집니다. 이 장면은 단순한 유아적 투정처럼 보일 수 있지만 심리학적으로는 과잉보호, 즉각적 만족, 물질 강화, 자기중심적 세계관 형성의 중요한 사례입니다.

아기의 감정을 공감해 주는 것만으로는 충분하지 않습니다. 부모는 아기의 감정을 인정하면서도 그 감정을 조절하는 방법과 행동의 경계를 함께 제시해 주어야 합니다. 그러지 않으면 아기는 성인이 된 후에도 자기 감정을 말로 표현하지 못하거나, 문제 해결 능력이 낮고, 자아 존중감이 불안정할 수 있습니다.

○ 부모의 양육 유형(4)
감정 코칭형

"네가 지금 속상한 이유가 있겠구나, 같이 이야기해 보자."라는 태도로 아기가 감정을 행동으로 표현하는 이유를 관찰하고 자기 감정을 조절하는 방법을 배워 가도록 이끄는 양육 유형입니다.

이런 부모는 감정을 '좋은 감정'과 '나쁜 감정'으로 나누지 않습니다. 기쁨, 사랑, 즐거움처럼 긍정적인 감정은 물론 슬픔, 분노, 놀람 같은 불편한 감정도 삶의 자연스러운 일부로 인정합니다. 중요한 것은 아기의 모든 감정을 있는 그대로 수용하되 그 감정을 표현하는 행동에는 분명한 한계를 설정해 주는 것입니다. 감정은 허용하지만 사회적으로 조화로운 방식으로 표현할 수 있도록 도와주는 것이지요.

예를 들어 식사 시간에는 식탁에 앉아 이유식을 먹는 것을 자연스럽게 알려 주고, 잠잘 시간이 되면 조명을 어둡게 하고 조용한 환경으로 인도한 후 아기가 스스로 잠들 수 있도록 환경을 만들어 줍니다. 이렇게 감정과 행동을 분리해서 다루는 태도는 아기에게 매우 긍정적인 영향을 줍니다.

감정 코칭형 부모와 상호 작용한 아기는 자신의 감정을 정확히 인식하고 표현할 수 있으며, 감정을 조절하고 다른 사람과 안정적인 관계를 맺는 능력을 자연스럽게 익히게 됩니다. 또한 높은 자기 통제력, 뛰어난 공감 능력, 그리고 자기 효능감과 자아 존중감을 함께 키우게 됩니다. 이런 기초 자질은 아기가 훗날 심리적으로 건강한 사람으로 성장하는 데 매우 중요한 기반이 됩니다.

제2장

먹는 경험에서 시작되는 정서 지능 발달

아기를 존중하는 수유·이유식이란?

'아기를 존중한다'라는 말의 진짜 의미는 무엇일까요? 존중이란 단어가 추상적이다 보니 제가 부모들에게 "아기를 존중해 주세요."라고 말하면 "아기를 존중하라고요?" 하고 되묻는 분이 종종 있습니다. 저도 한때는 이 말이 막연하게 느껴졌습니다. 그 의미를 비로소 깨닫게 된 건 수유를 거부하는 아기와의 만남을 통해서였습니다.

상담실을 찾아온 엄마는 많이 지쳐 보였습니다. 아기는 생후 두 달 동안 모유 수유를 격하게 거부하며 한 번도 스스로 젖을 물지 않았습니다. 엄마는 수유를 하기 위해 본능적으로 아기의 머리를 잡아 입에 유두를 넣으려 했지만 아기는 강하게 울면서 고개를 젖히고 저항했습니다. 아기의 눈빛에는 강한 거부의 감정이 담겨 있었습니다. 그 모습을 보며 엄마에게 조심스럽게 제안했습니다.

"조금 기다려 볼까요? 아기가 진정되기를 기다렸다가 다시 시도해 보면 어떨까요?"

엄마와 저는 울고 있는 아기를 그대로 바라보며 "먹기 싫었구나", "불편했겠다"라고 조용히 말을 건넸습니다. 수유를 하다가 멈춘 상태였기 때문에 아기 머리는 여전히 엄마의 유방 앞에 머물러 있었지요. 그 자세로 아기의 울음이 그치기를 기다리는 동안 아기는 우리를 가만히 쳐다보았습니다. 시간이 얼마나 흘렀을까요. 갑자기 아기가 고개를 좌우로 움직이더니 스스로 엄마의 유두를 물었습니다. 그 순간 저도 엄마도 깜짝 놀라서 서로의 얼굴을 바라보았습니다.

우리는 그저 아기의 거부감을 받아들이고 울음을 그치길 기다려 줬을 뿐이었습니다. 아기가 스스로 유두를 무는 모습을 보며 '아기에게는 자기 방식대로 할 수 있는 능력이 있구나. 아기가 원하는 타이밍을 존중해 주어야겠다.'라는 생각이 들었습니다. 이 경험을 계기로 저는 심리학을 공부하면서 존중이 무엇인지, 자기조절력은 어떻게 형성되는지 더 깊이 이해하게 되었습니다.

먹는 경험과 정서 지능 발달 관계

아기를 존중한다는 것은 아기 스스로 해내도록 기다려 주는 태도를 의미합니다. 그리고 부모는 기꺼이 기다릴 수 있다는 신뢰의 메시지를 아기에게 전하는 것이지요. 아기에게 시간과 공간을 허락하고 아기의 능력을 믿고 기다리다 부모가 필요한 순간에 도움을 주는 태도가 존중을 실현하는 방법입니다.

수유와 이유식이 진행되는 생후 24개월 동안은 아기의 정서 지능이 발달하는 결정적 시기입니다. 정서 지능이란 '감정을 잘 다루는 능력'을 말합니다. 자신의 감정을 인식하고 조절하며, 타인의 감정을 이해하고 공감하며, 사회적 관계 속에서 감정을 적절하게 표현하고 조율할 수 있는 능력이지요.

아기에게 수유와 이유식을 통한 '먹는 경험'은 감정 표현력을 배우는 첫 번째 통로입니다. 먹고 싶을 때 입을 힘차게 움직이고, 그만 먹고 싶을 땐 입을 꾹 다물거나 고개를 돌리고, 먹기 싫을 땐 울면서 거부 의사를 분명히 표현합니다. 이처럼 아기는 먹는 과정에서 자신이 누구인지, 무엇을 하고 싶은지, 무엇을 하기 싫은지 표현하는 방법을 배웁니다. 그러므로 아기의 반응과 신호를 무시하고 그저 많이, 때가 되었으니 무조건 먹이는 건 아기의 학습 기회를 빼앗는 행동이라고 할 수 있지요.

우리가 음식을 배부르게 먹으면 기분이 좋고 편안해지듯 아기도 마찬가지입니다. 배부름은 '만족'이라는 정서와 연결됩니다. 엄마가 수유와 이유식으로 아기에게 만족감과 포만감을 주면 아기는 엄마를 신뢰하게 되지요. 반면 엄마가 아기의 반응을 무시하고 억지로 먹이거나 멈추면 아기는 '먹는 건 불편한 거야'라고 잘못된 정서적 경험을 하게 됩니다. 이처럼 아기가 먹는 경험에서 싫고 좋음, 기쁨과 불쾌감을 표현하고 그 감정을 존중받을 때 자기 관찰력, 감정 표현력, 감정 조절력을 자연스럽게 배울 수 있습니다.

아기는 움직임이 서툴고 신체적으로 제한된 존재입니다. 하지만 감정은 매우 뚜렷하고 '싫다'와 '좋다'를 명확히 구분하며 외부에 적극적으로 표현할 수 있는 능력이 뛰어납니다. 아기는 아무것도 할 줄 모르는 무기력한 존재가 아닌 자기 몸의 리듬을 인식하고 세상의 질서에 반응할 수 있는 독립적인 존재인 것이지요.

무조건 아기가 행동하는 대로 기다려 주라는 의미가 아닙니다. 아기의 표현을 있는 그대로 수용하되 아기가 표현하는 욕구가 생체 리듬과 사회적 질서에 어떻게 연결되어야 하는지를 올바르게 가르쳐야 합니다. 이것이 균형 잡힌 존중입니다. 아기의 감정과 행동을 모두 수용하는 것이 아닌 감정은 100퍼센트 수용하되 행동에는 '건강한 제한'을 설정해야 합니다.

아기는 울음으로 감정 조절력을 배운다

　부모가 아기의 행동을 건강하고 적절하게 제한하려면 어떻게 해야 할까요? 아직 말하지 못하는 아기에게 쉽게 적용할 수 있는 방법은 '감정을 인정하는 언어'를 사용하는 겁니다. 이때는 언어적 표현과 함께 비언어적인 태도도 중요합니다. 예를 들어 아기가 울 때 "괜찮아, 괜찮아!"라고 말하며 달래기보다 아래와 같이 아기의 감정을 인정하는 말로 다가가 보세요.

"엄마한테 뭔가 말하고 싶은 게 있구나?"

　그렇다면 아기가 울거나 잠투정을 부릴 때 입에 공갈젖꼭지를 물리는 행동은 어떨까요? 공갈젖꼭지를 사용하는 상황은 대개 아기의 울음이나 불편감을 부모가 감정적으로 감당하기 어려울 때입니다. 그러나 공갈젖꼭지를 물리는 행동은 아기의 감정을 무시하고 억누르는 신호로 다음과 같은 비언어적 메시지를 전달할 수 있습니다.

" 지금은 네 감정을 받아 주기 버거워.
울지 말고 얌전히 있어 주면 안 될까?"

아기의 감정 조절력을 담당하는 전전두엽은 만 3세 이전에 빠르게 발달합니다. 전전두엽은 뇌 앞쪽에 위치한 전두엽의 앞부분으로 인간다움을 가능하게 하는 고차원적인 사고와 감정 조절, 사회적 행동에 깊이 관여합니다. 즉각적 욕구를 참거나 충동을 억제하는 감정 조절력과 자기 통제력이 해당합니다.

만 3세 이전에 아기의 감정 조절력은 '울음 → 관심 → 반응 → 표현'의 과정이 반복되어 생깁니다. 아기가 울 때 부모가 아기의 감정을 억제하는 반응을 보이면 아기는 자신의 감정을 잘못된 것으로 인식해 감정 조절 발달에 부정적인 영향이 미칩니다. 부모는 아기의 울음에 반응하고 감정을 받아 주는 보호자 역할을 할 뿐 울음을 억제하거나 멈추는 주체가 아니에요. 아기는 울음을 스스로 그칠 수 있습니다.

울음을 멈추는 것이 목표가 되면 부모는 마음이 조급해집니다. 울음은 의사 표현이고, 표현은 멈추는 것이 아니라 들어주는 대상이 필요하다는 점을 인식한다면 아기의 울음을 인정하고 감정을 존중해 줄 수 있습니다. 존중 받은 아기는 울음으로 충분히 감정을 표현하고 나면 스스로 조절하는 힘이 생깁니다.

　아기는 자신의 울음이 누군가에게 관심을 받고 표현이 거절당하지 않은 경험을 해야 합니다. 울음을 즉시 멈추는 도구로 공갈 젖꼭지를 물리기 전에 왜 우는지 의미를 이해하려는 마음을 품는 것이 부모의 역할입니다. 아기의 모든 울음을 해결하려고 하기보다는 "지금 아기가 뭔가 표현하고 있구나!" 하고 감정을 인정하는 언어를 사용해 말을 걸어 주는 것만으로도 아기에게는 충분한 반응입니다. 아기는 울면서 자고, 울면서 놀고, 울면서 성장합니다. 이를 인정하고 반응하는 법을 익혀야 아기를 존중하는 수유와 이유식을 할 수 있습니다.

부모의 섬세한 반응 vs 과잉 반응

　아기의 울음에 대한 부모의 '섬세한 반응'과 '과잉 반응'은 겉으로는 비슷해 보이지만 그 바탕에는 전혀 다른 마음이 담겨 있습니다. 이 둘을 구분하기 위해서는 두 가지 기준을 살펴봐야 합니다.

- 누구의 필요에 반응하고 있는가?
- 어떤 감정의 에너지로 움직이고 있는가?

섬세한 반응은 '아기의 필요'에 중심을 두고 있다면 과잉 반응은 '부모의 불안'에 중심이 있습니다. 그래서 아기가 갑자기 울 때 섬세한 반응을 하는 부모와 과잉 반응을 하는 부모의 모습은 분명히 다릅니다. 섬세한 반응은 "이 울음은 어떤 감정일까?" 하고 살펴보는 겁니다. 말없이 아기 옆에 앉아서 따뜻한 눈길로 바라보며 부모의 냄새를 맡게 해주고 부모의 호흡을 느끼게 해줍니다. 반면 과잉 반응은 "왜 또 울어? 배고픈가? 졸린가? 어디 아픈가?" 하며 즉시 여러 행동을 시도해 울음을 멈추려 합니다.

아기의 울음은 부모의 마음 깊은 곳을 흔들어 놓는 울림인 동시에 '나는 지금 아기에게 좋은 부모일까?'라는 자기 점검의 신호이기도 합니다. 그래서 아기의 울음을 지켜보며 기다리다 보면 자

구분 기준	섬세한 반응	과잉 반응(지나친 개입)
반응 출발점	"아기가 어떤 신호를 보내고 있을까?"	"울면 안 돼! 지금 뭔가 잘못됐을 거야!"
중심 감정	공감, 관찰, 여유	불안, 죄책감, 조급함, 두려움
행동 방식	울음 신호를 읽고 기다려 보고 필요하면 개입한다.	신호가 보이자마자 즉각 개입해서 울음을 멈추려 한다.
시간 감각	반응하기 전에 잠깐 기다리며 관찰을 한다.	곧바로 움직여 울음을 멈추려 한다.
아기 반응	점차 스스로 감정 조절력을 익혀 간다.	감정을 억눌러 자기표현을 줄이고 불안해한다.

기 감정을 마주하게 되기도 하지요. '아기 마음이 다치면 어쩌지? 기다려도 괜찮을까?' 불안해하고 망설이는 것은 아기의 마음을 소중하게 여긴다는 증거입니다. '나는 아기를 절대 혼자 두고 싶지 않아'라는 마음이 담겨 있다고 생각합니다. 아기의 울음 앞에서 머뭇거리는 그 순간은 방임하려는 게 아니라 더 깊이 연결되기 위해 잠시 멈춘 시간입니다. 어떻게 반응하는 게 좋을지 고민하는 마음에는 아기를 향한 책임감과 깊은 애착이 숨겨져 있습니다.

아기의 울음에 즉시 반응하지 않고 잠시 기다리는 시간은 아무것도 하지 않는 시간이 아닙니다. 부모는 그 시간 동안 아기의 마음을 이해하려 애쓰고, 스스로 수많은 질문을 던지며 아기와 조용한 방식으로 대화합니다. 그렇게 쌓인 내면의 대화는 아기에게는 신뢰로, 부모에게는 자신에 대한 존중으로 이어집니다. 아기의 울음이 멈추기를 기다리는 시간은 엄마의 마음을 매번 요동치게 할 겁니다. 그럴 때마다 이렇게 말하며 자신을 믿어 보세요.

"내가 고민하는 이유는 내 반응 하나하나가
 아기에게 메시지로 전달되기 때문이야."
"아기를 혼자 두려는 게 아니야.
 아기의 마음을 잘 알고 싶어서
 내 감정을 먼저 들여다보는 거야."

수유와 이유식을 할 때, 기저귀를 갈 때, 잠을 재울 때… 매일 반복되는 돌봄의 순간들이 결국 아기에게 세상은 따뜻한 곳이라는 확신을 주는 일상이므로 부모는 에너지를 아껴서 써야 할 곳에 집중적으로 써야 합니다. 수면 시간에 아기가 울 때 과도하게 개입해서 부모가 지치면 아기가 깨어 있는 시간에 제대로 반응할 수 없게 됩니다. 개입해야 할 때와 기다려야 할 때를 구분할 줄 아는 것이 존중이며 아기의 정서 발달을 돕는 핵심입니다.

아기는 울고 떼쓰며 온몸으로 표현합니다. 부모에게는 아기의 표현을 읽을 수 있는 능력이 있어요. 단지 시간과 마음을 조금만 투자하면 됩니다.

아기는 먹으며
감정 표현력을 배운다

아기가 태어나 처음으로 하는 행동은 입을 벌려 젖을 무는 것입니다. 놀랍게도 갓 태어난 아기에게도 먹는 능력이 있습니다. 먹는 기회를 주는 부모를 통해 존중이라는 감정과 스스로 할 수 있다는 자신감을 경험하게 되지요.

아기가 젖을 물거나 젖병 꼭지를 입속으로 흡입할 수 있도록 도와주는 것이 부모의 역할입니다. 아기가 제대로 못한다면 그 이유가 무엇인지 살핀 후 도와주어야 합니다. 여기서 핵심은 아기가 스스로 먹지 못할 거라는 전제하에 도움을 주는 것이 아니라 스스로 잘 먹을 거라는 존중하에 기회를 주는 것입니다.

먹는 시간은 아기가 결정하기

"아기가 모유를 너무 오래 먹어요."

생후 2개월 된 아기에게 모유 수유하는 시간이 오래 걸려서 힘들다고 호소하는 엄마를 만났습니다. 아기를 관찰해보니 엄마의 말처럼 5분 정도 열심히 먹고는 천천히 느리게 먹다가 가만히 유두를 물고만 있더군요. 간혹 오물거리다가 삼키는 소리가 들렸지만 먹는다는 느낌은 들지 않았습니다. 그렇다고 젖을 물고 잠을 자는 것도 아니었어요. 눈을 끔뻑거리면서 엄마 유방 쪽을 가만히 쳐다보고 있었거든요.

저는 엄마에게 아기가 입을 오물거릴 때 유방 뒤쪽을 지그시 눌러 압박해 보도록 안내했습니다. 혹여나 모유 흐름이 느려서 아기가 젖을 물고도 가만히 있는 건 아닌지 확인해 보기 위해서였습니다. 엄마가 유방을 눌러 주니 아기가 꿀꺽꿀꺽 삼키면서 먹었습니다. 엄마가 압박을 풀면 삼키는 것이 잦아들고 다시 압박하면 삼키는 소리가 들렸습니다.

2회 반복하고 나서 3회차에 유방을 압박했더니 아기가 손사래를 치듯이 손을 들어 엄마 유방을 건드렸습니다. 하지 말라고 제지하는 것처럼 느껴졌습니다. 엄마와 저는 서로 눈을 마주치면서 '이게 뭐지? 아기가 신호를 주나?'라는 생각을 주고받았습니다.

아기가 입을 오물거릴 때 다시 한 번 유방을 압박하자 아기는 더 적극적으로 손을 들어 유방을 압박하지 말라고 표현했습니다. 생후 2개월 된 아기가 엄마 품에서 젖을 물고 가만히 있고 싶다고 표현하는 것을 보고 깜짝 놀랐습니다. 엄마와 저는 더 이상 유방을 압박하지 말자고 눈빛 교환을 한 후 한동안 아무 말 없이 가만히 있었습니다.

비슷한 사례가 또 있었습니다. 생후 4개월 된 아기였는데 젖을 먹지 않으면서 한 시간 가까이 엄마의 유두를 물고만 있었습니다. 생후 4개월이면 아기가 주변 자극에 영향을 많이 받는 시기입니다. 이 시기에 수유하면 아기가 주변 자극에 산만하게 반응하는데 이 아기는 오히려 주변에 신경 쓰지 않고 엄마의 유두를 집중해서 물고 있었습니다. 생후 몇 개월이든 상관없이 아기가 자신의 마음을 외부에 표현하는 모습을 지켜보며 지금까지 제가 엄마들에게 했던 말이 생각났습니다.

"아기를 존중해 주세요."

진정한 존중이란 무엇인지 다시 한 번 생각하는 계기가 되었습니다. 아기를 진정으로 존중하는 수유란 수유 시간을 엄마가 아닌 아기가 결정하게 두는 거였습니다.

아기에게 주도권을 넘기는 방법

앞서 엄마의 젖을 가만히 물고만 있던 두 아기는 엄마에게 무엇을 말하고 싶었던 걸까요? 아기가 엄마에게 원한 것은 젖이 아니라 엄마의 부드러운 품이나 냄새였을 겁니다. 한 시간 이상 젖을 물고 있으면서 먹지도 잠을 자지도 않고 가만히 있는 아기에게 '모유 수유는 한쪽 유방에서 약 15분 정도 하면 된다'라는 건 얼마나 일방적인 기준일까요.

수유 시간과 더불어 아기의 행동과 호흡도 같이 눈여겨봐야 합니다. 아기가 젖을 적극적으로 먹으려고 하지 않을 때, 졸린 것도 아닌데 힘 있게 물지도 빨지도 않을 때 충분히 기다려 줘야 합니다. 아기의 움직임을 부모가 주도하는 것이 아니라 아기가 주도하도록 기다려 주면 어느 순간 젖을 '훅' 빼고 엄마 얼굴을 쳐다보면서 '씨익' 웃는 모습을 보게 될 겁니다. 이때 엄마가 아기에게 해줘야 하는 유일한 일은 아기의 생체 리듬에 맞춰 아기가 수유를 주도하도록 기회를 주는 것뿐입니다.

부모에게 아기가 주도하는 수유에 대해 설명하면 상반된 반응을 보입니다. 아기가 먹지도 않으면서 왜 젖을 물고만 있는지 이해가 되지 않았는데 이제 아기 마음을 느낄 수 있게 됐다고 말하는 분들도 있지만 가만히 있는 것이 지루하다는 분도 있습니다.

충분히 그럴 수 있습니다. 가만히 있는 아기를 마냥 기다려 주기는 쉽지 않으니까요. 저 또한 아기를 만지고 싶은 마음도 말을 걸고 싶은 충동도 생깁니다. 아기의 귀를 만지고 싶고 어깨를 어루만져 주고 싶은데 그 모든 것을 하지 않고 가만히 아기의 시간을 기다려 주는 건 결코 쉬운 일이 아니지요.

그럼에도 가만히 아기의 몸과 표정을 지켜보면 아기의 마음이 보이기 시작합니다. 저는 수유를 하는 아기들이 젖을 물고 가만히 있으면 그 순간 가슴이 두근거리기 시작합니다. 그리고 엄마에게 아주 작은 소리로 세상이 정지된 듯 기다려 보라고 말해 줍니다.

> "가만히 계셔 보세요. 말없이 지금 순간을 즐기세요. 아기가 지금 원하는 것이 무엇인지, 지금 엄마에게 무슨 말을 하는지 귀기울여 보세요."

이 시간에 아기를 가만히 두지 않으면 엄마는 여전히 "수유를 15분, 30분은 해야 하는데 왜 이렇게 안 먹고 가만히 있지?"라고 걱정하면서 아기와 소통이 안될 수 있습니다. 아기가 엄마와 교감하고 싶어 하는 마음이 외면되지 않도록 오롯이 멈춤의 순간을 관찰해 보세요. 이 시간이 아기와 엄마 둘만의 소중한 시간이 되어 특별한 만남으로 이어질 수 있습니다.

아기에게 먹는 기회를
어떻게 줘야 할까?

 모유를 먹는 아기는 엄마의 품에서만 먹습니다. 분유 또한 자신을 돌봐 주는 양육자 품에서 먹지요. 이처럼 아기는 반드시 사람과 연결되어야만 먹을 수 있습니다. 그래서 수유는 아기가 관계를 경험하는 최초의 순간이라고 할 수 있습니다.

 신생아의 경우 하루에 최소 8~12회 수유를 하므로 사람과 8~12회 상호 작용을 할 기회가 있습니다. 매일 반복되는 수유 시간마다 아기에게 어떤 경험의 기회를 제공해야 할까요?

먹는 기회로 배우는
안정감, 즐거움, 만족감

제가 수유 교육을 할 때 엄마들에게 가장 먼저 하는 말이 있습니다. 아기에게 젖을 물리지 말고 아기가 스스로 입을 벌려 먹고 싶어 하는지를 먼저 살펴보라는 것입니다. 아빠가 아기를 안고 분유를 준다면 젖병을 아기 입안에 넣지 말고 입술에 대고 가만히 있으면서 아기가 먹고 싶어 하는 욕구를 표현하는지 살펴보라고 말합니다. 아기들은 모두 입을 벌려 젖꼭지나 젖병 꼭지를 물 수 있는 능력이 있으니까요. 아기가 잘못 물었다면 그때 교정해 주면 됩니다.

수유 현장에 있으면 아기가 불편할까 봐 미리 도와주는 부모들을 만납니다. 불편하다면 그건 아기가 불편감을 느끼는 겁니다. 그 불편감을 부모가 빠르게 해결해 주는 것이 아니라 아기가 젖 먹기를 중단하고 몸에 힘을 주거나 고개를 돌리면서 외부에 불편감을 표현하도록 기다려 줘야 합니다. 부모는 아기가 불편할 수 있다는 것을 인지하고 아기가 어떻게 외부에 알리는지, 또는 불편감을 스스로 해결하려고 노력하는지를 지켜본 후에 도움을 주어도 늦지 않습니다. 이것이 바로 문제 해결 능력입니다. 아기 스스로 느끼고 해결하는 것도 아기가 직접 해봐야 합니다. 부모의 역할은 아기가 스스로 해결할 기회를 주는 것이니까요.

아기에게 기회를 주는 행동
"아기야, 천천히 먹고 싶으면 천천히 먹어도 된단다. 얼마든지 기다려 줄게."

아기에게서 기회를 뺏는 행동
"왜 젖꼭지를 제대로 못 물까? 안 되겠다, 내가 해줘야겠어."

사람 품에서 수유를 한 아기는 그 사람을 통해 세상은 따뜻하고 편안하며 안전하다는 것을 경험합니다. 아기가 안전함을 느낀 후에 '먹는 것'을 흥미롭고 즐거운 행동으로 인식해 사람과 식사하는 것을 기쁘게 받아들이게 됩니다. 아기 입장에서 자신이 좋아하는 사람(엄마)과 식사를 하고 즐겁게 이야기하는 시간이 바로 수유 시간인 것이지요.

'즐겁게 먹었더니 배가 부르네!'

배부르다는 것은 곧 포만감을 느꼈다는 의미입니다. 앞서 말했듯 아기의 뇌는 포만감을 통해 '만족'이라는 정서적 경험을 합니다. 예를 들어 엄마와 함께 즐겁게 식사하고 배가 불렀다면 아기는 단순히 '먹었다'가 아니라 '채워졌다'는 감정까지 함께 느끼는 것이지요.

여기서 중요한 건 아기의 배부름을 부모도 함께 알아차리는 것입니다. 아기가 "이제 됐어요."라는 신호를 보낼 때 그 신호를 부모가 읽고 수유를 멈춘다면 그건 곧 아기의 감각을 존중한 행동이 됩니다. 이런 경험이 반복되면서 아기는 자신의 몸과 마음에 대한 '자기 신뢰'self-trust의 씨앗을 키워 가게 됩니다.

'내 느낌이 맞았구나.'
'내가 느낀 대로 해도 괜찮구나.'

수유 과정에서 부모에게 필요한 것은 아기를 신뢰하는 내면의 힘입니다. 부모가 아기를 믿는 과정에서 아기의 내면 성장이 이루어지고 부모도 성장합니다. 아기가 젖을 천천히 먹어 걱정이라면 하루 총 수유 양은 어떤지, 체중 증가는 어떤지, 수유 후 컨디션은 어떤지 등을 살펴보면 됩니다. 그러니 아기에게 먹는 기회를 충분히 주세요.

○ 먹는 시간은
온전히 받아들여지는 시간

분유 수유를 하는 아기도 마찬가지입니다. 어떤 아기는 분유를 천천히 1시간에 걸쳐서 먹습니다. 아기가 분유를 오래 먹는 이유가 젖병 꼭지의 사이즈 때문인 것 같아서 더 큰 것으로 바꿔도 여전히 천천히 호흡하면서 먹는 아기들이 있습니다. 분유 수유를 하는 엄마의 입장에서는 젖병을 잡고 있는 손도 아프고 몸이 뒤틀리면서 답답하고 지루하기 짝이 없지요.

그러나 아기가 천천히 먹도록 가만히 기다려 주면 어느 순간 그만 먹겠다고 젖병 꼭지를 혀로 '툭' 밀어내는 모습을 볼 수 있습니다. 아기의 시간에 아기의 호흡으로 수유를 하도록 기다려 주면 자기 마음을 부모에게 표현하는 것을 보게 됩니다. 한두 번 경험하면 부모는 아기를 존중하는 것이 무엇인지, 아기도 나름의 계획과 생각이 있다는 것을 느끼게 됩니다.

만일 부모가 허리가 아프고 다리가 저리고 힘이 든다면 편안하게 수유할 수 있는 환경을 고민하면 됩니다. 수유 시간에는 아기를 관찰하는 인내심과 몰입이 필요합니다. 이 시간이 힘들고 지루하다고 인내심이 바닥나서 아기가 물고 있는 젖병을 툭툭 치거나 이리저리 돌리면 아기에게서 먹는 즐거움과 부모의 품에서 경험해야 하는 진정한 교감의 시간을 빼앗게 됩니다. 부모의 행동을 점검하고 의도를 올바르게 전달하는 방법이 무엇인지 진지하게 고민해 봐야겠지요.

　부모가 오롯이 자신에게 집중해 주는 경험을 한 아기의 마음은 어떤 상태일까요? 아기가 매 순간 자신의 감정과 행동이 그대로 받아들여지는 작은 경험을 쌓아갈 때 아기의 무의식 세계는 부모와 깊이 연결됩니다. 감정이 그대로 받아들여지는 경험은 훗날 아기가 따뜻한 마음을 지닌 성인으로 성장하는 토대가 됩니다. 그러니 이유를 묻거나 판단하려 하지 말고 아기의 행동을 흐름에 따라 기다려 주세요. 아기가 어떤 행동을 하는지, 어떤 상태인지 인지한 부모만이 아기에게 진정으로 받아들여지는 시간을 보장해 줄 수 있습니다.

먹고 싶은 아기,
먹기 싫은 아기의 행동 언어

"지금 아기는 먹고 싶은 걸까, 먹기 싫은 걸까?"

아기를 돌보는 중에 부모가 매순간 겪는 고민 중 하나입니다. 아기에게 먹는 기회를 주고 싶은데 실제 상황에서 부모의 어떤 행동이 아기를 존중하는 것인지 구체적으로 알고 실천하기는 어렵습니다. 수유 시간에, 기저귀를 갈 때, 아기를 품에 안을 때 등 모든 상황마다 아기는 자기표현을 하고 있다는 것을 인식하기 어렵고 매번 아기의 반응을 관찰하는 것도 부모에게는 어려운 과제니까요. 그래서 부모는 아기의 마음을 관찰하고 해석할 때 감정보다는 이성으로 접근해야 합니다.

부모가 놓치기 쉬운 신호들

수유와 이유식 과정에서 아기의 행동 언어를 이성적으로 읽으려면 가장 먼저 아기에게 '먹는 능력'이 있다는 것을 인정해야 합니다. 수유와 이유식 준비는 부모의 역할이지만 먹는 것은 아기의 역할이라는 것을요. 아기를 수유 쿠션에 눕히거나 분유를 타서 아기의 입술에 가져다 댈 수는 있어도 입에 넣고 흡입하는 것은 아기만이 할 수 있고 철저히 아기가 해야 하는 역할입니다.

아기는 아직 말을 못 하지만 온몸을 사용해서 먹고 싶은지 먹기 싫은지를 행동 언어로 표현합니다. '먹고 싶다', '먹기 싫다'를 아주 분명하게 표현하므로 부모는 아기가 어떤 행동으로 표현하는지 아기의 감정과 욕구를 관찰하면 됩니다.

아기의 이런 행동은 세상과 소통하고 자신의 의지를 표현하는 방법입니다. 아기는 과도한 자극을 받으면 힘이 들어서 얼굴을 돌

먹고 싶은 아기의 행동	먹기 싫은 아기의 행동
고개와 몸을 앞으로 숙이면서 엄마에게 다가간다.	고개를 뒤로 젖히거나 몸에 힘을 준다.
입을 벌리고 고개를 좌우로 돌리면서 무언가 찾는 행동을 한다.	입을 굳게 다물거나 입술 또는 아래턱에 힘을 준다.
입술을 움찔거리며 빠는 듯한 행동을 한다.	혀로 젖(병)을 밀어낸다.
흡입하고 싶은데 흡입이 안 돼서 짜증 낸다.	흡입하지 않으려 입에서 힘을 뺀다.

려 다른 곳을 바라봅니다. 하지만 많은 부모가 이 신호를 무시하거나 잘못 해석해 아기의 고개를 힘주어 돌리거나 젖꼭지를 아기 입에 넣고 수유를 시도합니다. 아기는 어쩔 수 없이 조금 더 강한 방법을 동원해 자신의 의지를 다시 표현합니다. 눈을 질끈 감고 울거나 엄마 품에 안기는 것 자체도 싫어서 몸에 힘을 잔뜩 주기도 하지요.

부정적인 경험이 반복되면 아기는 자신의 감정이 부모에게 잘 전달되지 않고 무시당한다고 느낄 수 있습니다. 아기는 자율성이라는 새로운 감각을 찾으려고 하는데 부모는 순응하라고 통제하는 것은 아닌지 살펴봐야 합니다.

아기에게는 미숙한 신경계를 스스로 보호하려는 아주 섬세한 안테나가 있습니다. 그 안테나는 소리, 빛, 감정, 접촉 등 외부 세계를 감지하며 '지금 괜찮은지', '조금 쉬어야 하는지'를 아기 나름의 방식으로 알려 줍니다. 자극이 너무 강하거나 낯선 환경에 노출되었을 때 아기의 몸과 마음은 자기 자신을 지키려고 고개를 다른 쪽으로 돌려 잠시 휴식을 취하기도 합니다. 엄마가 잠시 시간을 주면 진정이 된 아기는 다시 고개를 돌려 엄마를 봅니다. 그때까지 기다려 주어야 합니다. 아기들은 자기 진정을 한 후에 다시 연결을 위해 엄마를 찾습니다. 이때 엄마가 곁에 있어야겠지요. 이처럼 아기는 자신의 감각으로 행동합니다. 부모는 아기가 어떤 행동을 하는지 차분하게 지켜봐 주기만 하면 됩니다.

먹기 싫어하는 아기 대하는 방법

수유 중에 정확한 이유는 모르겠지만 아기가 몸에 힘을 주고 버틴다면 엄마는 어떻게 해야 할까요? 이럴 땐 아기를 안고 있는 팔과 젖병을 잡고 있는 손의 힘부터 살짝 풀어야 합니다. 그리고 수유도 잠시 멈추는 것이 좋습니다.

아기가 온몸에 힘을 주고 있을 때 엄마가 아기 몸에 힘을 가하면 아기는 안전이 아닌 억압과 통제로 받아들일 수 있습니다. 엄마는 '아기가 품에서 떨어질까 봐' 걱정스러운 마음에 꽉 안은 것인데 아기는 자유를 뺏긴, 자기 감정을 표현할 수 없는 환경으로 느끼는 것이지요. 아기가 오해한다면 수유를 거부할 수 있습니다. 이때는 아기가 다시 마음을 열기를 기다리며 따뜻하게 말을 걸어 주세요. 몸과 마음의 긴장을 풀고 편안함을 느낄 수 있도록 조용하고 차분하게 기다려 주세요. 그리고 아기를 향한 질문을 바꿔 보세요.

" 혹시 조금 불편했니?
 엄마한테 '불편한게 있어요'라고
 말하고 싶었던 거구나."

아기가 스스로 입을 벌려 먹고 싶어 하는 행동을 보일 때까지 서두르거나 개입하지 않기 위해서는 부모도 내면이 안정적이고 평화로워야 합니다. 부모로서 좋은 관찰자가 되고 싶다는 마음이 있어야 합니다. 불안이나 두려움이 있으면 선입견으로 인해 관찰이 안 되기 때문입니다. 걱정하느라 잠을 못 자고 정보를 찾느라 유튜브 영상을 보는 것도 과하면 독이 됩니다. 타인의 경험은 참고하되 내 아기가 어떤 행동을 하는지 그대로 보고 들으려고 해야 합니다.

아기가 얼마나 자기표현을 잘 하는지 알게 되면 저절로 아기가 인격이 있는 존재라는 것을 깨닫게 됩니다. 아기가 좋아하는 것과 싫어하는 것이 무엇인지, 좋고 싫은 감정을 적극적으로 표현하기 위해 온몸으로 알리려는 모습에서 놀라운 소통 능력을 가지고 있다는 것도 경험하게 될 거예요.

아기를 무기력하게 만드는 부모의 거절 신호

아기가 먹기 싫다고 그만 먹겠다고 거절을 표현했을 때 한숨을 쉬지 않았나요? 엄마의 손끝에 신경질이 묻어 있고 말투에 짜증이 섞여 있는 경험을 한 아기는 어떻게 성장할까요? 아기 때 거부당하거나 억압받는 환경에서 자신이 먹고 싶은 욕구와 먹기 싫은 욕구를 무시당한 아기는 음식 앞에 무기력해지고 자신의 식습관을 통제할 수 없는 성인으로 성장합니다. 나아가 인간관계에서 타인의 감정을 지나치게 살피면서 자신의 감정은 없고 남의 눈치만 보는 아기로 성장할 가능성이 높습니다.

반면 부모에게 지금 먹고 싶지 않다고 거절했는데 짜증 내지 않고 아기의 내면 신호를 존중해 준 부모에게서 자란 아기는 성인이 된 후 대인관계에서 거절당해도 '저 사람은 여전히 나와 건강한 관계를 유지할 수 있어'라는 믿음을 갖게 됩니다. 더불어 타인과의 관계에서도 건강한 방법으로 거절을 할 수 있게 되지요. 이런 감각은 수유와 이유식 과정에서 부모와 선행으로 미리 경험해야 합니다.

많이 먹는 아기가 잘 먹는 아기일까?

아기에게 음식을 주고 먹이는 일은 양육에서 매우 중요한 부모의 역할입니다. 대부분의 사람이 음식 먹는 방법을 부모로부터 배우기 때문이지요. 부모 또한 자신의 성장 과정에서 경험한 식생활을 토대로 자녀에게 음식을 제공합니다.

한 번쯤 아기가 적게 먹으면 걱정되고 많이 먹으면 뿌듯해한 경험이 있을 겁니다. 아기가 잘 먹어야 하는 것은 맞습니다. 하지만 잘 먹는 것이 많이 먹는 것을 의미하지는 않아요. 많은 초보 부모가 '많이 먹어야 건강하다'라는 통념에 갇혀 아기가 먹는 양과 시간만 고려하며 수유와 이유식을 진행합니다. 그러나 '잘 먹는다'는 의미를 부모 관점에서 생각하지 말아야 합니다. 잘 먹는 것은 부모가 원하는 음식을, 원하는 양 만큼, 원하는 시간에 먹는 것을 의미하지 않습니다. 그렇다면 아기가 잘 먹는다는 것은 무엇이고 잘 먹는 아기로 키우려면 어떻게 해야 할까요?

잘 먹는 아기는 '배부름'을 알고 멈출 줄 안다

부모는 언제나 아기가 잘 먹고 튼튼하게 자라길 바라는 마음으로 가득합니다. 하지만 건강한 음식을 많이 먹는 것보다 더 중요한 것은 아기가 자신의 몸이 보내는 신호에 귀 기울이는 법을 배우는 겁니다. 먹는 것은 학습입니다. 어떤 음식을 먼저 먹을지, 어떻게 먹어야 규칙적인지, 어떻게 배고픔을 달랠지 배워야 하는 것이지요. 특히 중요한 건 배부르게 먹고 난 후 언제 멈춰야 하는지 배우는 겁니다.

왜 멈추는 것을 배워야 할까요? 배부름을 느끼고 멈출 줄 아는 자기 조절력을 키우기 위해서입니다. 현대 사회는 배가 고프지 않아도 미각을 자극하는 시각적 자극들로 넘쳐납니다. 보기만 해도 먹고 싶은 충동이 일어나고 배가 고픈 것 같은 착각을 하게 되니 먹지 않아야 하는 시간에 언제든 먹게 됩니다.

불과 50년 전만 해도 음식이 제한적이었습니다. 음식이 없어서 먹지 못했기 때문에 굳이 음식 앞에서 멈추는 것을 배우지 않아도 되었지요. 하지만 결핍의 시대가 아니라 지금처럼 설탕과 소금이 듬뿍 들어간 음식을 너무나 쉽게 먹고, 24시간 언제든 음식을 먹을 수 있는 풍요의 시대에는 음식 앞에서 멈출 줄 알아야 합니다.

아기는 태어날 때부터 자신의 생리적 신호를 인식하는 능력을 지니고 있습니다. 배고픔과 배부름 신호는 느끼고 표현하는 본능적 감각입니다. 하지만 부모가 자신의 불안이나 기대 때문에 아기에게 더 먹도록 유도하면 아기는 점차 자신의 신체 신호에 둔감해지는 '신체 감각 인지 저하'를 경험하게 됩니다.

" 나는 그저 아기가 좀 더 먹었으면 하는 바람이었는데 아기는 '내가 느끼는 건 틀렸어'라고 오해할 수 있겠구나."

배부름을 존중받는 환경에서 자란 아기는 자연스럽게 자신의 내적 신호를 신뢰하는 능력이 강화돼 과식하지 않으며 건강한 식습관을 만들어 갑니다. 이 과정은 자존감과 신체 이미지 형성에도 긍정적인 영향을 미칩니다. 음식을 먹을 때 편안하고 행복한 경험을 쌓으며 자신의 몸을 신뢰하는 법도 배우기 때문입니다.

부모의 역할은 아기에게 먹으라고 강요하거나 양을 정해 주는 것이 아니라 아기의 신호에 귀 기울이고 자기 몸을 존중하는 습관을 갖추도록 돕는 것입니다. '많이 먹어야 건강하다'가 아니라 '배부름을 알고 멈출 수 있어야 건강하다'라는 인식을 아기에게 경험시켜 주세요.

잘 먹는 아기는 '규칙적'으로 식사할 줄 안다

아기가 태어나면 처음에는 매우 불규칙하게 먹습니다. 그러다가 배고플 때 배부르게 먹고, 놀고, 자는 생체 리듬이 안정되면 규칙성이 생기면서 매일 비슷한 시간에 먹게 되지요. 늦어도 생후 4개월이 되면 일정한 생체 리듬에 따라 일과를 보내고, 생후 6개월이 되면 시간까지 지키는 하루 일과표가 생기게 됩니다. 즉, 잘 먹는 아기는 식사 시간을 알고 생체시계에 맞게 먹는 규칙성을 배웁니다. 먹지 않아야 하는 시간에 먹지 않고 먹어야 하는 시간에 규칙적인 식사를 하는 것이지요.

아기의 일과표를 부모가 정해 주는 것이 아니라 아기 스스로 만들 수 있도록 부모는 태양주기에 맞춰 일정한 시간에 햇빛 조절을 하면서 자야 할 때 취침 환경을 만들어 주고, 먹어야 할 때 수유와 이유식을 하도록 도움을 주면 됩니다. 아기가 식사를 규칙적으로 하면 체내 대사 활동이 원활해지고 에너지 공급도 안정적으로 이루어집니다. 처음 음식을 먹기 시작하는 신생아 시기부터 부모가 규칙성을 경험하게 해주면 아기는 6개월쯤 되었을 때 배꼽시계가 일정하게 켜지게 될 겁니다.

잘 먹는 아기는 음식을 '선택'할 줄 안다

부모가 되면 아기가 영양학적으로 골고루 먹도록 신경 쓰게 됩니다. 그러나 아기는 스스로 어떻게 먹을지, 어떤 방식을 원하는지 탐색할 수 있는 능력이 있으므로 스스로 음식을 선택해 먹을 수 있도록 기회를 주어야 합니다. 현대 사회는 물질적으로 풍요로워져서 선택을 많이 해야 하는 환경입니다. 과거 부모의 역할은 아기를 보호하고 안전하게 양육하는 데 중점을 두었다면 향후 미래 사회에서 부모의 역할은 보호와 안전은 물론 아기가 자율성, 자기 조절력, 감정 관리, 주체적인 선택을 경험할 수 있는 환경을 만들어 주는 것이 중요해질 겁니다.

음식을 스스로 선택해서 먹는다는 의미는 부모가 제공한 음식의 양을 아기가 배고픔이나 배부름 같은 자신의 욕구에 반응하면서 먹는 것을 의미합니다. 입맛이 없으면 덜 먹고 입맛이 당기면 더 먹으면서 아기가 스스로 조절하는 것이지요. 아기에게 진짜로 필요한 것은 자신의 몸이 보내는 신호를 존중받는 경험입니다.

아기는 개월 수에 따라 먹어야 하는 권장량이 있습니다. 무조건 권장량에 맞춰야 하는 것이 아니라 아기의 생체 리듬에 따라 몸이 보내는 신호에 맞춰 수유를 하되, 가이드 라인에서 크게 벗어나지 않는지 봐야 합니다.

사람마다 자신만의 고유한 열정과 필요에 맞게 조정할 수 있는 미각이 존재합니다. 잘 먹는다는 의미를 새롭게 재정의해서 많이 먹는 아기가 아니라 멈출 줄 알고, 스스로 선택할 줄 알고, 규칙적으로 먹는 아기가 되도록 양육해 주세요. 아기가 심리적으로 즐겁고 맛있게 먹는 것을 경험할 수 있게 될 겁니다.

SOS! 소장님 도와주세요

아기가 먹는 데
관심이 없어 보인다면?

Q1 **아기가 먹을 때 소극적이고 산만해요.**

생후 5~6개월이 되면 아기는 주변 환경에 대한 인지적 관심이 급격히 높아집니다. 이 시기의 아기는 먹는 것보다 외부 자극에 더 끌릴 수 있는데, 이는 아주 자연스러운 발달 과정이며 뇌가 더 넓은 세상을 받아들이고 있다는 신호입니다. 아기에게 문제가 있다기보다 아기가 수유와 이유식에 집중할 수 있도록 환경을 조율해 주는 부모 역할이 중요합니다.

Q2 **불규칙하게 먹는 아기에게 규칙성을 만들어 주고 싶어요.**

아기는 아직 생체 리듬이 불규칙할 수 있어요. 규칙적으로 먹는 습관을 만들기 위해서는 매일 아침 일정한 시간에 기상해 생체 리듬을 바로잡는 것이 중요합니다. 아침에 일어난 뒤 엉덩이 세수, 기저귀 교체, 수유, 놀이, 낮잠 등으로 '먹고 놀고 자는' 리듬을 반복해 주세요. 이 과정이 반복되면 아기의 하루 리듬이 안정되고 아침 식사와 이후 식사에도 규칙성이 생길 거예요.

Q3 먹는 양이 매번 달라서 고민이에요.

아기가 매번 같은 양을 먹지 않는 것은 일반적인 일입니다. 아기가 덜 먹는다고 느껴질 경우 1회 먹는 양만 보지 말고 하루 24시간 또는 일주일 단위로 전체 섭취량을 확인해 주세요. 출생 당시 체중과 비교해서 아기가 성장 곡선에 맞게 자라고 있다면 매번 먹는 양이 달라도 괜찮습니다.

아기는 스스로 식욕을 조절할 수 있어요. 조금 먹거나 까다롭게 먹더라도 "너에게 그럴 만한 이유가 있을 거야!"라는 따뜻한 반응이 아기에게 위안과 안정감을 줍니다. 아기가 스스로 식욕을 조절하는 감각을 기르는 중이라고 생각해 주세요.

Q4 아기가 더 많이 먹어야 하는 건 아닌지 불안해요.

불안한 마음이 드는 건 심리적 불편이 아니라 부모로서 아기를 잘 양육하고 싶은 책임감에서 비롯됩니다. 내 아기가 잘 자라고 있는지, 충분한 양을 먹고 있는지 고민하는 건 지극히 자연스러운 마음이에요. 부모의 불안이 있어야 아기는 보호받고 성장할 수 있습니다. 불안을 덜기 위해 아기의 체중 증가가 어떤지, 생체 리듬이 규칙적인지, 수유와 이유식 후 기분 좋게 노는지 등 객관적인 지표를 함께 살펴보세요. 불안은 감정이므로 그것이 실제로 문제인지 판단할 수 있는 기준이 필요합니다. 수치를 바탕으로 확인해 보면 부모도 안심하고 아기도 더욱 안정적으로 먹는 경험을 하는 데 도움이 될 거예요.

제3장

엄마의 인격적 수유, 아기의 배부른 수유

수유 바르게 이해하기

"모유 수유와 분유 수유 중 고민이에요. 어떻게 결정하면 좋을까요?"

산모들에게 비슷한 질문을 받을 때마다 저는 수유의 생물학적 방식보다 수유라는 행위에 집중해 보면 좋겠다고 말합니다. 현대 사회에서 '모유냐, 분유냐'를 둘러싼 논의는 엄마들 사이에서도 전문가들 사이에서도 분분합니다.

모유와 분유는 구성 성분과 아기가 소화하는 정도에서 분명한 차이가 있습니다. 그러나 수유는 단순히 아기에게 음식을 제공하는 것 이상으로 정서적 교감이 수반되는 관계적 경험입니다. 그래서 저는 아기에게 무엇을 먹일 것인가를 고민하기보다 수유라는 과정을 통해 부모와 아기가 어떤 경험을 나누고, 함께 어떤 의미를 만들어 갈 수 있을지 고민해 보는 것이 양육에 있어 중요하다고 생각합니다.

수유, 아기와의 첫 번째 대화

수유는 아기에게 '삶과 사랑이 동시에 몸으로 흘러드는 첫 경험'입니다. 단순히 배를 채우는 일이 아니라 아기 인생에서 처음으로 누군가와 연결되어 있다는 경험을 하게 해줍니다. 아기는 본능적으로 엄마의 젖을 빨고 삼키고 배부름을 느끼지만 수유라는 행위에는 사람과 사람 사이의 만남이 숨어 있습니다. 아기에게 수유는 생존을 위한 행동을 넘어 세상과 맺는 첫 관계의 시작이 되는 것이지요.

엄마가 수유를 하면서 '기다리면 아기가 먹을 거야'라는 믿음을 갖고 기다려 주면 아기는 자기 존재에 대한 긍정적인 감정을 배우게 됩니다. 이처럼 수유 시간은 아기에게 이 세상이 나에게 만족감과 포만감을 채워 주는 곳이라는 경험을 선물하며 초기 애착의 토대를 다지는 소중한 순간입니다.

'누군가 나에게 기회를 주는구나.'
'나는 누군가에게 중요한 존재구나.'
'내가 표현하면 응답이 오는구나.'

감각으로 이루어지는 대화인 수유는 아기의 오감이 처음으로 활짝 열리는 시간이기도 합니다. 입으로 모유나 분유의 맛과 온도를 느끼고 귀로 엄마의 심장 박동과 숨결, 목소리를 듣습니다. 눈으로 엄마의 눈과 표정을 바라보고, 손으로 엄마의 피부와 옷감의 감촉을 느낍니다. 그리고 마음으로는 기다림, 만남, 안정감을 경험하지요.

수유는 아기가 몸과 마음으로 대화하는 방식이기에 인격적인 관계 속에서 이루어져야 합니다. 인격적 수유가 반복되면서 아기는 '나'라는 존재와 '너'라는 세상 사이에 연결 다리를 놓기 시작합니다. 이 연결이 바로 애착이고 애착이 쌓여 신뢰가 됩니다.

아기를 존중하는 인격적 수유를 통해 아기에게 세상은 따뜻하다는 믿음을 새겨 주세요. 수유는 신체의 포만감을 채우는 시간이자 정신의 신뢰와 존재 가치 또한 배불리 채우는 시간입니다. 아기가 받아들이는 건 단지 젖이 아닌 '사람'이며 양이 아닌 '관계', 영양이 아닌 '사랑'이라는 사실을 기억해 주세요.

모유 수유,
엄마의 일부를 건네는 일

임신, 출산, 모유 수유는 엄마가 된 여성이 '내 몸의 일부'를 타인에게 내어 주는 유일한 행위입니다. 자기 경계를 허물고 생명을 향해 몸을 열어 주는 일이자 말보다 먼저 행동으로 전하는 사랑의 실천입니다. 이 나눔에는 조건이 없습니다. 갓 태어난 아기는 아무것도 주지 않지만 엄마는 모든 것을 줍니다. 이 무조건적인 수용은 존재 자체를 환영한다는 선언과도 같습니다. 저는 내 몸을 통해 누군가에게 나눔을 실천하는 최초의 경험이 모유 수유라고 생각합니다.

또한 모유 수유는 아기가 엄마의 몸에서 나왔지만 이제는 독립된 존재로 살아가야 한다는 현실을 받아들이는 시간이기도 합니다. 엄마가 '너'와 '나'는 서로 다르다는 사실을 깨닫고 인정하는 과정이기도 합니다. 아기를 존중하고 아기의 삶의 리듬에 나를 맞추겠다는 메시지를 몸으로 전하는 윤리적 실천이기도 하지요.

" 너는 나와 연결되어 있었지만
   이제는 너의 삶을 살아갈 존재야."

모유는 엄마의 경험, 먹은 음식, 느낀 감정, 살아 낸 하루가 응축된 액체입니다. 아기에게 모유를 주는 것은 단순히 '먹는 것을 주는 것'이 아니라 엄마 삶의 파편과 리듬을 아기에게 건네는 일입니다. 더 나아가 자연계에서 이루어지는 삶의 순환에 참여하는 일이고 세대 간 연결의 한 지점이기도 합니다.

엄마도 과거에는 누군가의 품에 안겨 젖을 물었던 존재로, 지금은 또 다른 존재에게 그 품이 되어 주는 순환의 고리에 서 있는 것입니다. 순환의 고리에서 한 역할을 담당하는 존재로서 엄마가 실천하고 있는 모유 수유는 아기만을 위한 행위가 아닙니다. 엄마도 그 순간 새로운 자기와 마주합니다. 지금까지 익숙했던 몸이 낯설게 느껴지고 내 몸의 일부가 한 생명에게 쓰이는 경험을 통해 '나'라는 존재의 정의가 다시 쓰이기 시작합니다. 내 몸이 누군가의 필요를 채워 주는 존재가 될 수 있다는 것을 체감하며 엄마라는 존재로 다시 태어나는 순간이기도 합니다.

아기가 모유를 먹는 동안 엄마는 생각을 멈추고 오직 그 순간에 집중하게 됩니다. 이 시간만큼은 일상이 잠시 멈춘 듯 고요하고 느리게 흐르며 엄마와 아기가 말없이 서로를 깊이 받아들이게 되지요. 이 조용한 교감은 신뢰가 쌓이기 시작하는 출발점이며 말없이 서로를 이해하는 비언어적 약속의 시작입니다. 이처럼 모유 수유는 양육을 넘어선 존재와 존재 간의 대화이자 관계를 맺는 본질적인 경험을 선사합니다.

엄마의 인격적 수유

"아기가 수유할 때 자꾸 잠들어요. 그래서 충분히 먹이지 못하고 있어요."

한 엄마가 근심 가득한 얼굴로 제게 고민을 토로했습니다. 잘 먹이기 위해 아기를 열심히 깨워 가며 수유를 하다 보니 점점 지친다고요. 수유 장면을 지켜보니 엄마는 아기를 깨우기 위해 발바닥을 열심히 문지르고 있었습니다. 귀도 살짝 잡아당기고 온몸을 계속 쓰다듬고 흔드는 등 다양한 방법을 동원하더군요.

물론 아기가 배불리 먹길 바라는 간절한 마음에서 한 행동이지만 강도가 강하다 보니 아기에게는 자칫 폭력적으로 느껴질 정도

였습니다. 안타깝게도 엄마는 자신의 행동이 아기에게 어떤 느낌을 주는지 인지하지 못하고 있었습니다.

"발은 부드럽게 문질러 주고 귀도 살짝만 만져 주세요. 이렇게 하면 아기가 놀라지 않고 편안히 깰 수 있어요."

직접 보여 주며 설명했지만 적당한 강도를 가르치고 배우는 것은 쉽지 않았습니다. 엄마가 아기에게 잘 먹이고 싶은 마음이 때로는 적절하지 않은 행동으로 나타나 아기에게 힘들고 불편한 경험을 주기도 합니다. 이런 상황을 자주 마주하며 저는 엄마가 갖춰야 할 올바른 수유 자세에 대해 고민하게 되었습니다. 그 답은 아기의 감정을 먼저 생각하고 아기를 존중하는 마음으로 수유하는 것이었습니다. 그것이 바로 '인격적 수유'의 시작입니다.

인격적 수유란?

인격적 수유는 단지 배불리 먹이는 것이 아니라 아기의 입장과 마음을 우선으로 생각하는 수유 방식입니다. 잠든 아기를 깨울 때조차 아기의 마음과 몸을 존중하는 태도를 갖는 것입니다. 아기의 몸과 마음에 부드럽게 다가가 아기가 편안함을 느끼며 스스로 눈을 뜨게 하는 것부터 인격적 수유가 시작됩니다.

아기의 입은 단순히 음식이 들어가는 통로가 아닙니다. 감각의 중심, 애착의 시작, 자율성의 표현 공간입니다. 아기의 '식욕' 또한 단순한 생물학적 배고픔만으로 설명되지 않습니다. 신뢰하는 사람에게 안겨서 편안할 때 그리고 '먹고 싶다'라는 내면의 동기를 존중해 줄 때 먹게 됩니다.

아기에게 수유란 감각의 경험이자 정서의 경험입니다. 심리적 안정감이 동기를 이끌고 긍정적인 감정이 먹고 싶다는 욕구로 이어지는 구조입니다. 아기를 인격체로 존중하고 아기의 감정과 욕구를 최우선에 두고 기다리는 것. 이것이 바로 제가 생각하는 진정한 수유의 의미입니다.

수유는 아기에게 음식을 먹이는 것 이상으로 아기의 마음, 감정, 관계를 만드는 과정입니다. 부모가 편안하고 안정된 표정으로 바라보며 부드러운 말투로 이야기하면서 아기의 선택을 기다릴 때 아기는 먹는 행위와 긍정적 감정을 연결하게 됩니다. 이때 비로소 먹는 것이 단순히 생존을 위한 행위가 아니라 즐거운 관계의 경험으로 축적되기 시작합니다. 아기의 입술이 열리고 마음이 활짝 피어나게 되는 것이지요.

한 입을 기다리는 부모의 마음이 아기의 삶 전체에 대한 존중과 신뢰로 확장될 때 수유 시간은 단순히 먹는 시간이 아니라 아기의 마음을 키우고, 관계를 키우고, 사랑을 키우는 시간이 됩니다. 그래서 수유를 할 때는 아기의 입술도 보지만 아기가 눈빛과 행동으로 하는 마음의 표현도 봐야 합니다.

먹는 것이 힘들고 불쾌한 경험이 될 때

"수유 시간이 고통스러워요, 아기도 저도요…."

아기가 잘 먹지 않으면 엄마에게 수유 시간이 감정적으로 힘든 순간이 될 수 있습니다. 아기가 잘 먹지 않는다면 반드시 의사의 진료를 받아야 합니다. 의사가 의학적인 문제가 없다고 진단하면 그다음으로 외부 환경적 요인을 살펴봐야 합니다. 아기가 잘 먹지 않는 이유가 입이나 환경 때문일 수도 있습니다. 우리는 아기가 먹지 않으면 "소화에 문제가 있나?", "어디 아픈가?"를 먼저 떠올립니다. 물론 생리적 요인도 있겠지만 심리적·환경적 불편감이나 부정적인 경험이 쌓여서 먹지 않는 행동 언어로 표현된 것일 수 있습니다.

아기의 감각 시스템은 아직 미세하고 연약합니다. 이때 강한 빛, 낯선 목소리, 준비되지 않은 아기 입안에 갑자기 훅 들어온 젖꼭지, 젖병을 톡톡 치면서 입을 자극하는 행동은 긴장 반응으로 이어지기 쉽습니다. 억지로 입에 밀어 넣거나 여러 사람이 돌아가면서 수유하거나, 불을 환하게 켜 놓고 누워 있는 아기에게 강제 수유를 시도하거나, 먹다 잠들지 않게 하려고 강하게 깨우는 손길, 흡입하지 않고 물고만 있다고 입에 넣은 젖병을 흔드는 자극 등을 반복적으로 경험한 아기는 입안이 자극되어 아무리 배고파도 '먹기 싫다'는 감정이 앞섭니다. 그렇다 보니 '먹는 것 = 힘들고 불쾌한 것'이라고 학습하게 됩니다.

이때부터 아기의 수유 거부는 심리적 자기 보호 기제로 작동합니다. 아기의 입은 따뜻하고 즐거운 경험의 공간이 아니라 긴장으로 인한 심리적 자기 보호의 도구가 되는 것이지요. 아기는 '뭔가 잘못되고 있다'는 긴장감 속에서 더더욱 입을 닫을 수 있습니다. 결국 부모는 부모대로 수유 시간이 두렵고 불안해지면서 양육에 대한 무력감과 자책으로 절망스럽다고 표현하기도 합니다.

이런 아기들은 시간이 지날수록 입에 닿는 모든 것을 피하려고 하거나 갑작스레 눈을 감고 자는 척하거나 혹은 몸이 뻣뻣하게 굳을 정도로 힘을 주는 행동을 할 수 있습니다. 입을 열지 않으려는 아기의 몸짓은 거부가 아니라 "이 환경이 두려워요"라는 감정의 표현일 수 있다는 것을 염두에 두어야 합니다. 아기가 먹지 않을 때의 행동을 문제로 보지 말고 아기가 보내는 메시지로 이해해 주세요. 그 메시지는 "지금은 힘들어요", "조금 쉬고 싶어요"일 수도 있습니다.

먹는 것이 편안하고 즐거운 경험이 될 때

인격적 수유는 아기를 더 깊이 이해하고자 하는 부모의 섬세한 사랑에서 출발합니다. 아기에게 강요하거나 재촉하지 않아야 하지만 엄마는 아기의 '먹지 않음'을 문제로 생각한 나머지 "한 입만 더 먹자!"라고 말하기 쉽지요. 그러면 아기는 아무리 배고파도 '먹고 싶지 않다'는 감정을 먼저 느낍니다. 이때 수유는 아기에게 불편한 감각과 불안한 정서가 연결되는 경험으로 남게 됩니다. 먹는 일이 두렵고 불쾌해지면 다음 수유 역시 힘들어지는 악순환이 반복됩니다. 인격적 수유는 이런 상황에서 다시금 아기의 마음과 감정을 중심에 두고 아기의 속도에 맞춰주는 수유 방식입니다.

아기에게 먹는 일 자체를 편안하고 행복한 경험으로 만들어 주려면 엄마가 어떻게 해야 할까요? 억지로 먹이려는 시도를 멈추고 아기의 감정을 해석하는 것에서 시작해야 합니다.

① 수유 전에 편안한 환경 만들기

아기는 누워서 수유를 하므로 천장에 밝은 형광등 대신 따뜻한 느낌의 간접 조명(스탠드)을 사용하면 좋습니다. 아기가 자극받지 않고 편안하게 느낄 수 있는 조도가 중요합니다.

② 부모의 감정 점검하기

수유 준비로 바쁘고 분주하겠지만 수유 전에 잠시 눈을 감고 간단히 심호흡하며 자신에게 "나는 아기가 먹고 싶어 하는 욕구를 존중하고 싶어."라고 말해 보세요. 이때 소리 내서 말하는 게 좋습니다. 자신이 한 말을 듣게 되면서 무의식중에도 편안함을 느낄 수 있습니다.

③ 아기를 안기 전에 편안하게 이완하기

수유를 하려고 아기를 안으면 잘 먹이고 싶은 마음이 듭니다. 이때 자신도 모르게 몸에 힘이 들어갈 때가 있습니다. 특히 아기를 안고 있는 팔이나 어깨, 젖병을 잡고 있는 손에 힘이 들어가거나 긴장하면 그 미세한 긴장감을 아기도 그대로 느낍니다. 아기의 목덜미는 매우 민감해서 부모의 손끝에서 느껴지는 작은 힘과 긴장감까지 감지할 수 있습니다. 부모는 아기의 안전을 위해서 또는 잘 먹이기 위해서 힘을 준 것인데 아기는 억압이나 압박으로 오해할 수 있습니다. 이런 상황을 방지하려면 아기를 안기 전에 부모가 먼저 잠시 몸을 편안하게 이완하는 것이 좋습니다.

아기가 부모의 품에서 편안함을 느낄 수 있는 수유 환경은 어떤 모습일까요? 부드러운 쿠션이나 베개 위에 팔을 편하게 올려놓고 팔뚝과 어깨 힘이 풀리도록 팔목의 힘을 빼면 좋습니다. 이렇게 하면 팔뚝에 들어갔던 불필요한 긴장이 부드럽게 풀리고 부모의 안정된 마음이 아기에게도 고스란히 전해집니다. 부모가 긴장을 풀고 편안한 분위기에서 젖병이나 엄마 젖꼭지를 아기 입술에 대고 기다려 주면 아기는 자신의 시간에 맞춰서 입을 벌려 젖을 물고 힘차게 빨면서 수유를 편안하고 즐거운 경험으로 받아들이게 됩니다.

수유는 잘 먹었기 때문에 사랑받는 것이 아니라 존재로서 사랑받을 만하다는 메시지를 전달하는 시간이어야 합니다. 하루 8~12회 수유를 하는 동안 긍정적인 메시지를 반복적으로 받은 아기는 자신의 존재를 있는 그대로 수용하고 자신의 신체, 감정, 욕구, 경계를 신뢰하게 됩니다. 수유를 통해 부모는 '너는 사랑받기 위해 아무것도 증명할 필요 없어'라는 메시지를 주어야 합니다. 아기에게 수유 시간은 생존을 넘어선 관계의 시작, 사랑을 몸으로 받는 첫 경험, 표현과 기다림이 통하는 세계에 대한 첫 학습, 존재 자체가 환영받는다는 무언의 메시지, 자율성과 애착의 씨앗을 심는 감각적 연결의 시간이기 때문입니다.

인격적 수유는 부모의 손끝에서 시작됩니다. 손으로 아기를 안고, 눕히고, 먹이기에 부모의 손끝에서 선함과 존중이 느껴져야 합니다. 고요하고 침착하며 세심하지만 안정적인 손이 보살펴 줄 때 아기가 세상을 어떻게 경험하게 될지 고민하는 부모가 되었으면 좋겠습니다.

아기의 배부른 수유

'배부른 수유'는 아기가 배고플 때 배부르게 먹고 신체적인 포만감과 더불어 정신적인 만족감을 경험하는 수유 방식입니다. 배부른 수유의 개념을 제대로 이해하고 실천한다면 모유 수유든 분유 수유든 수유의 주체가 엄마가 아니라 아기가 됩니다.

우리의 정서와 신체는 긴밀하게 연결되어 있습니다. 음식을 먹으면 위장에 도착한 음식물을 소화하기 위해 많은 혈액이 내장 기관으로 몰리면서 뇌는 상대적으로 나른하고 편안한 기분을 느낍니다. 아기도 수유를 통해 '음식을 먹는' 행위가 가져오는 신체적 변화를 경험하게 됩니다.

배부른 경험은 학습된다

배부르다는 느낌은 아기가 느끼는 고유한 감각입니다. 입 주변 근육은 태어나면서부터 가장 적극적으로 움직일 수 있어서 아기의 입 모양만으로도 배부름을 확인할 수 있습니다. 그래서 배부르다는 표현은 배고프다는 표현보다 더 파악하기가 쉽습니다.

모유 수유를 하는 경우라면 생후 약 2주 동안은 아기가 빨고 싶어 하는 표현을 할 때마다 수유를 진행할 필요가 있습니다. 모유 양은 생후 2~3주 정도면 안정되는데 그때부터는 아기가 먹는 도중 잠들지 않도록 도와주어야 합니다. 분유 수유의 경우에는 생후 10일경이 되면 최소 60cc에서 많으면 100cc까지 먹을 수 있습니다. 이때 60cc 먹을지 100cc 먹을지는 아기가 스스로 결정하며 아기는 배부른 감각을 손짓, 발놀림, 입 모양, 표정 등으로 엄마에게 최선을 다해 표현할 겁니다.

아기가 먹는 도중 잠드는 것은 정상입니다. 특히 신생아 시기

생후 일수에 따른 배부른 수유량

생후	10~30일	30~60일	60~180일	180일 이후
1회 양	60~100cc	80~150cc	80~200cc	80~200cc
24시간 총 수유량	체중× 150cc	700~900cc		이유식+수유 = 700~900cc

에 아기의 특성을 파악하지 못해서 먹다 잠드는 아기를 그냥 두는 부모가 많습니다. 아기가 먹다가 잠들면 배부른 것이 어떤 느낌인지 느끼지 못하게 되고, 충분히 먹지 못한 채 잠들기 때문에 금방 깨서 배고파합니다. 그래서 부모는 아기에게 잠들지 않고 배부르게 먹는 느낌이 어떤 것인지 가르쳐 주어야 합니다. 수유하는 것은 본능이지만 배부르게 먹는 것은 학습이니까요. 아기에게 '졸립고 자고 싶은 느낌을 인내하면서 배부를 때까지 먹어야 한다'는 것을 경험하게 해주세요.

배부른 수유 효과(1)
포만감과 만족감을 경험하게 된다

갓 태어난 아기가 수유하면서 배부르게 먹는 과정은 살아가는 데 있어 중요한 경험이 됩니다. 배부름을 통해 포만감과 만족감을 경험하면 아기의 뇌는 자동으로 반복하고 싶어집니다.

'졸립지만 먹다 잠들지 않으려고 노력했더니 배가 부르면서 기분이 좋아!'

'삶에서 인내심을 가지고 무엇인가를 하면 좋다'라는 것을 학습하게 되는 것이지요. 향후 아기가 청소년기에 게임을 하거나 유튜브를 보고 싶은 마음이 들어도 지금 당장 해야 할 공부나 과제가 있으면 순간의 유혹에 흔들리지 않고 우선순위에 집중합니다. 아기 때 수유를 통해 경험했기 때문에 뇌에서 자동적으로 반복하는 겁니다. 이때 부모도 마찬가지로 인내심이 필요합니다. 참고 기다려서 아기가 배부르다고 표현하는 걸 보고 잘 아기에게 잘 먹였다는 만족감과 뿌듯함은 곧 양육 효능감으로 이어집니다.

배부른 수유 효과(2)
자신과 타인에 대한 신뢰가 생긴다

배부르다는 것은 실제적인 느낌입니다. 아기는 위장의 느낌과 내면의 상태를 엄마에게 표현합니다. 의식이 있는 상태에서 먹으면 자기가 느낀 감정을 표현할 수 있지만 먹다 잠들면 자기표현을 할 기회가 없어집니다. 배부른 아기는 어떻게 표현할까요? "엄마, 나 배불러요!"라고 말하듯이 입을 삐죽 내밀거나 혓바닥에 힘을 주면서 유두를 물지 않거나 젖병 꼭지를 밀어내는 행동을 합니다. 이때 엄마는 수유를 중단하고 아기를 관찰하면서 "엄마랑 수유하니 기분 좋았어요?"라고 물어보며 웃는 모습으로 반응해 주세요.

아기가 위장에서 느낀 배부름을 엄마한테 표현했을 때 엄마가 그 신호를 알아채고 수유를 멈춰 준다면 '내 감각이 맞았구나' 하는 경험을 하게 됩니다. 이런 경험을 통해 아기는 자신의 감각을 신뢰하게 되고 나아가 '내 생각을 엄마에게 표현하면 받아들여지는구나' 하는 긍정적인 확신을 갖게 되지요. 이 과정은 아기에게 자신의 감정이 무엇인지 인식하고, 그 감정을 외부에 어떻게 표현해야 하는지 학습하는 중요한 기회가 됩니다.

'내가 거절해도 엄마는 나를 변함없이 인정하고 지지해 주는구나.'

감각에 대한 자기 신뢰는 타인에 대한 신뢰로 확장되며 아기는 자신의 생각과 감정을 말하는 것을 두려워하지 않게 됩니다. '내가 이렇게 말하면 이상하게 보지 않을까?' 하는 주저함 없이 자신의 감정을 건강하게 표현할 줄 아는 사람으로 성장하는 첫걸음이 되는 셈이지요. 이런 경험이 쌓이면 아기는 이후에도 자신의 감정을 건강하게 조율하고 솔직하게 표현하는 사람으로 성장할 수 있습니다.

이와 동시에 엄마 역시 수유를 통해 아기의 감정을 살펴본 경험치가 쌓이면서 섬세한 감정 읽기가 양육 전반의 태도로 확장됩니다. 아기의 감정을 알아차리고 존중해 주는 방식이 자연스럽게 자리 잡으면서 수유를 넘어 일상 전반에서도 감정을 존중하고 중심에 두는 양육 방식이 이어지게 됩니다.

배부른 수유 효과(3)
소통을 배우게 된다

인간은 본능적으로 소통하고 싶은 심리적 욕구를 가지고 있습니다. 오랜 진화의 역사 속에서 인간의 언어가 발달한 것도 바로 소통 욕구의 창조적 산물이라고 볼 수 있지요. 갓 태어난 아기도 마찬가지입니다. 아기는 아직 언어가 발달하지 않았지만 부모와 연결되고 싶은 강한 소통 의지를 가지고 있습니다.

배부른 수유는 아기가 자신의 욕구와 감정을 표현하면서 엄마와 서로 소통하는 방법을 배울 수 있는 최고의 기회입니다. 아기가 깨어 있는 상태에서 수유하면 배부른 상태를 엄마에게 표현하고 엄마는 그 신호를 읽어 배부르냐고 묻게 됩니다. 그럼 아기는 진짜 배부르다고 표현하고 이를 확인한 엄마는 수유를 중단합니다.

이런 주고받음이야말로 엄마와 아기 사이에 최고의 '티키타카'입니다. 관찰과 소통을 통해 아기의 신호를 알게 된 엄마는 육아에 자신감이 생기고 어느 순간 "우리 아기는 어쩜 이렇게 자기 생각을 잘 표현하지?" 하고 감탄하게 됩니다. 이때부터 육아는 고된 일이 아니라 재미있는 일이 되기 시작하지요.

> " 그만 먹고 싶구나? 엄마한테 그만 먹겠다고 표현 잘 했어. 엄마 보고 웃는 모습이 고맙다고 말하는 것 같아서 행복해!"

배부른 수유를 통한 소통은 앞으로 길게 이어질 육아라는 마라톤에서 아기와 엄마가 파트너로 함께 달리는 첫 연습입니다. 아기는 "배불러요, 그만 먹을래요."처럼 단순하게 표현할지라도 그 신호에 귀 기울였던 부모라면 아기가 다섯 살, 열 살, 열다섯 살이 되었을 때도 변함없이 아이의 생각을 들으려 할 겁니다. 이미 소통하는 습관이 몸에 배었기 때문이지요. 자기표현의 기회가 얼마나 중요한지 아는 엄마는 수유 시간을 허투루 넘기지 않고 깊이 있게 활용할 겁니다.

배부른 수유 효과(4)
규칙성과 일관성이 생긴다

해가 뜨고 지는 태양주기에 따라 하루를 살아가는 것은 인간에게 가장 자연스러운 리듬입니다. 그러나 현대인은 전기와 조명의 발달로 시간의 경계가 모호한 24시간을 살고 있습니다. 그렇기에 더더욱 아기에게 자연의 리듬에 따라 먹어야 하는 시간에 먹고, 자야 하는 시간에는 자도록 알려 주어야 합니다. 이는 단지 생활 습관을 만드는 차원을 넘어 언어 신체 발달과 정신 건강에도 영향을 미치기 때문입니다.

배부른 수유는 아기가 배고플 때 배부르게 먹고, 잘 때는 편안하게 잠드는 것을 의미합니다. 이렇게 아기의 욕구에 맞춰 양육하면 엄마는 다음 신호가 배고픔인지 졸림인지 구별할 수 있게 됩니다. 엄마가 이미 아기의 배부름 신호를 알고 있는 상황에서 아기와 소통하면 많은 부모가 육아에서 가장 큰 어려움으로 꼽는 수면 문제를 해결할 수 있습니다. 반면 제때 배부르게 먹지 못한 아기는 자야 할 시간에 먹으려 하는 등 생체 리듬에 따른 하루 일과가 흐트러지고 규칙성이 사라집니다. 아기의 패턴을 파악하기 어려워진 부모는 점점 양육이 힘들게 느껴지고 아기가 까다롭다고 오해하게 됩니다.

배부른 수유는 단순한 먹이기의 문제가 아니라 부모의 따뜻한 의도가 아기에게 온전히 전달되도록 돕는 가장 기본적인 소통의 시작입니다. 안정적인 소통이 반복되면 아기의 욕구를 더 잘 이해하고 예측할 수 있게 되어 엄마와 아기 모두의 일과에 규칙성과 일관성이 자리 잡게 됩니다.

수유하며
아기와 소통하기

아기와 부모가 함께하는 수유는 단지 영양을 공급하는 일 이상의 깊고 풍요로운 의미를 지닌 시간입니다. 수유는 부모가 일방적으로 아기에게 주는 것이 아니라 부모와 아기가 함께 참여하는 과정입니다. 마치 두 사람이 춤을 추듯 서로의 리듬과 움직임에 맞춰 나가는 공동 창조의 과정이라 할 수 있지요.

부모가 아기의 신호를 무시하거나 일방적으로 소통하면 아기는 자신의 감정과 욕구가 제대로 전달되지 않는다고 느끼게 됩니다. 그렇다면 수유를 통해 아기의 감정을 깨우고 부모와 정서적으로 깊이 이어지는 시간으로 만들려면 어떻게 소통해야 할까요?

아기에게 어떻게 말해줘야 할까?

수유를 준비하는 과정에서 아기가 울면 "알았어~ 알았어! 엄마가 미안해, 빨리 준비할게!"라고 말한 적 있지 않나요? 그런데 이렇게 말하고 나면 왠지 마음이 더 조급해집니다. 아기를 안고 수유를 할 때 빨리 아기 입에 젖병을 넣어 주거나 아기 목덜미를 잡고 젖을 물리기에 급급해지기도 하지요. 이때 부드럽고 긍정적인 언어로 바꿔 말하면 아기에게는 안정감을 주고 부모 자신에게는 차분함과 자기 확신을 불러일으키는 긍정적인 메시지가 되어 수유를 준비하는 부모의 손에 힘이 들어가지 않게 됩니다.

"조금만 기다려~ 엄마가 준비하고 있어."
"배고팠구나~ 기다려 줘서 고마워."

아기는 아직 언어를 이해하거나 대답하지 못하므로 아기에게 말을 걸 때는 질문하는 말보다 엄마 마음을 전달하는 말이 더 따뜻하게 다가갑니다. 아기는 엄마의 말에서 내용뿐만 아니라 어조, 표정, 목소리 톤까지 모두 감지하니까요.

수유하는 과정에서 "맛있어?", "배부르니?"라고 묻는 건 질문하는 말에 해당합니다. 평소에 자주 쓰는 말이지만 어딘가 딱딱하게 느껴지지 않나요? 반면 엄마의 마음을 전달하는 말은 아기와 엄마 모두에게 심리적 안정감을 줍니다. "맛있게 먹는 모습을 보니 엄마가 행복해."처럼 마음을 부드럽게 표현해 보세요. 이런 따뜻한 언어는 아기가 천천히 먹더라도 기다려 줄 수 있는 내적 여유를 만들어 줍니다.

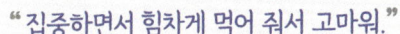

"천천히 먹는 모습이 참 예쁘다."
"집중하면서 힘차게 먹어 줘서 고마워."

수유는 시작하는 순간부터 마치는 순간까지 따뜻한 피드백을 주고받는 소통의 시간입니다. 특히 수유를 마친 후 아기와 눈 맞추는 시간은 아기의 정서 지능을 길러 주는 특별한 기회입니다. 부모가 "배가 부르다고 입술로 표현해 줘서 고마워!"라는 피드백을 줄 때 아기와 눈 맞춤을 하면 아기에게는 자기 존중감을, 부모에게는 긍정적인 자기 암시와 양육 자신감을 높여 줍니다.

`SOS! 소장님 도와주세요`

수유를 준비하며
교감하는 대화법

1 아기의 배고픔을 받아 주기

배고프다는 아기의 신호가 존중받고 있다는 느낌이 들도록 말해 주세요. 아기는 단지 배고프다는 표현이 아니라 자신의 존재 자체가 받아들여진다는 감각을 경험하게 됩니다.

> "배고파서 기다렸구나."
> "엄마한테 알려 줘서 고마워."
> "이제 우리 같이 준비하자."

2 기다림의 시간을 함께 채워 주기

수유를 하기 전 기다림은 연결의 시간이라는 인식을 통해 부모도 마음이 조급해지지 않고 아기와 '지금 이 순간'을 함께할 수 있게 됩니다.

> "조금만 기다려 줘, 엄마가 준비하고 있어."
> "앙앙 울면서 '엄마, 빨리 오세요' 하고 큰 소리로 엄마 불렀어?
> 엄마가 필요했구나. 언제든 엄마가 필요하면 크게 불러 줘."

3 수유가 곧 시작된다는 안정감 주기

아기에게 예측 가능성과 안정감을 줄 수 있는 말을 건네주세요. 아기의 뇌는 점점 '기다리면 올 것이다'라는 신뢰를 배우기 시작합니다.

> "엄마가 바로 안아 줄게."
> "바로 수유하자! 쿠션 가져올게."

4 자신에게도 말 걸며 내적 안정화하기

부모 스스로 감정을 다스리고 수유 리듬을 부드럽게 조율할 수 있도록 내면의 대화를 해보세요. 부모가 안정되면 아기는 그 분위기를 고스란히 흡수합니다.

> "나는 지금 이 순간을 함께 느끼고 있어."
> "천천히 부드럽게 편안하게 잘 하고 있어."
> "기다려 줘서 고마워. 이제 우리 시작하자."

수유 후 아기의 정서 지능을 깨우는 4단계 교감법

배부른 수유를 한 후에는 아기와 교감하며 행복의 씨앗을 심는 피드백 시간입니다. 감사, 수용, 성취감, 좌절 극복, 긍정적인 생각, 자신감… 아기에게 어떤 씨앗을 심어 주고 싶은가요?

1단계: 평평한 바닥에 등을 대고 눕히기

아기가 충분히 먹고 트림을 한 후에 평평하고 안정된 곳에 내려놓아야 합니다. 아기는 바닥에 등을 대고 누운 상태에서 몸의 좌우, 위아래를 균형 있게 움직이며 성장합니다. 이런 움직임을 통해 아기는 자기 몸의 균형 잡는 법을 배우고 뇌와 신경, 근육을 함께 발달시킵니다.

그런데 아기용 의자나 역류 방지 쿠션 같은 곳에 장시간 앉혀 두면 아기가 자유롭게 몸을 움직이기가 어렵습니다. 스스로 몸을 자유롭게 움직이고 균형 잡기나 뒤집기 같은 기본적인 운동 발달을 연습하는 기회가 줄어들게 되지요. 몸을 마음껏 움직일 기회가 부족해지면서 아기가 스스로 균형을 잡고 근육을 발달시키는 중요한 경험을 하지 못하게 됩니다.

반면 평평한 환경에서는 아기가 자신의 몸을 자유롭게 탐색하고 자연스럽게 뒤집기, 네발기기, 앉기 등 필수적인 신체 능력을 발전시킬 수 있습니다. 또한 평평한 곳에 눕혀 놓으면 엄마와 서로 정면을 바라보며 눈 맞춤하기도 수월해집니다.

2단계: 아기 시선을 관찰하며 눈 맞춤 시도하기

평평한 곳에 누운 아기와 눈 맞춤을 시도해 보면 부모와 눈을 맞추면서 소통할 준비가 되어 있는지 아니면 다른 곳에 더 흥미를 보이는지 느낄 수 있습니다. 부모는 아기의 작은 고갯짓, 눈빛, 미소 혹은 팔과 다리의 섬세한 움직임에 주의를 기울이며 피드백을 주고받아야 합니다. 수유 후 피드백 시간에 일방적 소통이 되지 않도록 아기의 눈과 표정을 세심하게 관찰하면서 아기가 정서적 연결을 원하는 순간까지 기다려 주세요.

　엄마는 배부르다는 피드백을 받고 싶어서 아기를 보고 있는데 아기가 엄마를 보지 않고 고개를 돌린 후 다른 곳에 시선이 고정되어 있다면 아기에게 시간을 주고 기다리는 것이 좋습니다. 아직 어리고 미숙해서 부모가 돌보고 놀아 주어야 할 것처럼 느낄 수 있습니다. 그러나 아기가 주변을 관찰하고 싶어 할 수 있으니 아기 역시 엄마와 교감할 준비가 되어 있는지를 주의 깊게 살펴보세요. 아기의 시선이 머문 곳을 함께 지켜보고 있다가 아기가 고개를 돌려 엄마를 보면 그때 아기가 바라봤던 물건에 대한 이야기를 들려 주면 좋습니다.

" 책장 아래에 있는 가습기를 봤구나!
　가습기가 궁금해서 '엄마~ 저건 어디에
　사용하는 거예요?'라고 묻는 거야?
　가습기는 습도를 조절하는 물건이란다."

이렇게 가습기의 기능을 설명해 주는 등 일상 소재로 아기와 소통할 수 있습니다. 차분히 다른 것을 보고 있을 때 아기의 마음이 어디에 있는지 살펴보는 부모의 마음이 중요합니다. 다소 심심해 보인다고 생각할 수 있지만 가습기를 보고 있던 아기에게 가습기가 무엇이며 어떤 용도인지 설명해 주는 것이 삶을 보여 주고 가르쳐 주는 것이라고 할 수 있습니다.

화려한 놀이기구, 반짝반짝 빛이 나는 장난감, 손을 전혀 사용하지 않아도 건전지로 움직이는 장난감 등은 처음에는 재미있고 흥미로울 수 있어도 장기적으로 보면 아쉬움이 많습니다. 이런 장난감은 아기에게 주는 자극은 강하지만 아기의 몸과 마음이 움직일 기회는 적습니다. 불빛이 깜빡이는 동안 아기는 그저 눈으로 보기만 합니다. 소리가 나는 동안 아기는 귀로 듣기만 하고, 움직이는 장난감을 지켜보는 동안 아기는 몸을 움직일 필요가 없어요. 그 결과 놀이의 주도권을 아기가 아닌 장난감이 쥐고 있는 상황이 되고 맙니다.

놀이란 원래 아기가 스스로 탐색하고 상상하고 실수하고 다시 시도하면서 만들어 가는 과정이어야 합니다. 장난감을 두드려 보고, 입에 넣어 보고, 손으로 굴려 보다가 "어라? 이건 왜 이렇게 되는 거지?" 하는 작은 질문이 생기면서 아기의 뇌가 자랍니다. 그런데 버튼 하나로 놀이가 완성되면 아기는 상상하지 않고, 물어보지 않고, 실수할 일도 없어지면서 그저 보여 주는 대로 보고, 들려 주는 대로 듣는 관객이 되어 버립니다. 장난감이 너무 많은 역할을 해버리면 부모도 점점 조용해지고 아기는 장난감만 바라봅니다. 부모와 아기의 연결마저 방해하는 것이지요. 서로 마주 보며 "이건 뭘까?", "어떻게 하지?" 묻고 답하는 놀이 대화가 사라지고 맙니다.

그러므로 부모는 아기의 시선이 머무는 방향을 함께 보면서 기다려 주고 때로는 설명도 해주며 교감해야 합니다. 이는 아기에게 자신이 존중받고 이해받는다는 긍정적인 믿음을 심어 주며, 감정을 자유롭게 표현할 수 있는 용기를 줍니다. 또한 부모에게는 아기의 마음과 내면세계를 더 깊고 섬세하게 탐색할 수 있는 기회가 되어 아기가 부모에게 무엇을 표현하고 싶은지 알아차리는 데 큰 도움이 됩니다.

3단계: 배부르게 먹은 아기에게 칭찬해 주기

아기도 엄마와 정서적으로 연결될 준비가 되었다면 엄마는 아기가 수유를 하면서 잘한 부분을 3가지 이상 이야기하면서 소통을 시도해 주세요. 아기가 시선도 움직이지 않고 집중해서 먹는 모습을 보면 가슴이 벅차오르지만 구체적으로 어떤 칭찬을 해야 할지 모르겠다면 다음 대화를 참고하세요. 아기의 작은 움직임을 칭찬하는 것부터 시작하는 겁니다.

"트림을 하면 잘 먹었다는 말 같아서 뿌듯해."
"졸지 않고 먹어 줘서 고마워."
"양손에 힘주고 먹는 모습이 노력하는 것 같아서 자랑스러워."
"집중해서 먹는 성실한 모습이 엄마에게 큰 힘이 된단다."

아기는 열심히 집중해서 먹었더니 실제로 배가 부르는 포만감을 경험합니다. 여기에 엄마가 아기의 행동에 대해 긍정적이고 구체적인 칭찬을 더해 주는 것은 매우 가치 있는 일입니다.

4단계: 감정 교류에 몰입하기

피드백이 끝난 후 서로 감정을 교류하는 시간을 가져야 합니다. 마치 카메라가 특정 대상에 천천히 가까이 다가가듯 엄마가 아기의 행동, 표정, 감정에 대해 세밀하게 관찰한 것들을 진솔하게 이야기해 주는 거예요. 진솔한 이야기를 하려면 몰입해야 합니다. 아기의 눈을 바라보며 점점 더 가깝게 천천히 다가가면서 엄마를 바라보고 있는 아기의 눈, 살짝 움직이는 손가락, 오물거리는 입술 등 관찰한 내용을 천천히 부드러운 톤으로 말해 주세요.

"지금 엄마를 바라보고 있구나.
엄마도 네 눈을 보고 있어."
"왼쪽 손가락을 살짝 움직였네?
작고 귀여운 손가락이 움직이고 있구나."

아기는 자신이 주목받고 있다는 강한 자극을 받아 몰입과 안정감을 경험하고 부모와 더욱 깊은 정서적 연결을 형성하는 데 큰 도움이 됩니다.

○ 교감 후 엄마가 얻는 것

이때 엄마의 말은 아기만 듣는 것이 아닙니다. 엄마 자신도 그 말을 함께 듣습니다. 아기에게 들려준 따뜻하고 긍정적인 말은 결국 엄마 스스로에게 건네는 말이 되기도 합니다. 무의식적 자기 대화는 엄마가 양육에서 어려움을 마주했을 때 자기 자신을 비난하거나 부정적으로 해석하지 않고 오히려 스스로를 위로하며 긍정적으로 해석할 수 있도록 돕습니다.

예를 들어 아기가 울 때도 "내가 아기에게 수유할 때 얼마나 집중했는지 알고 있어. 지금 울음은 배가 고픈 것이 아니라 다른 욕구나 불편함을 표현하는 것일 수도 있어."라는 내면의 목소리를 통해 더 섬세하고 정확하게 아기의 울음을 해석할 수 있는 심리적 여유를 제공합니다.

아기가 잘 먹지 않을 때도 "지금 잠시 쉬고 싶구나?"라고 말할 수 있고 아기가 몸에 힘을 주면서 버팅긴다면 "지금 뭔가 불편한 게 있어서 엄마한테 '불편해요'라고 말하는 거구나?"라고 엄마에게도 아기에게도 도움이 되는 방향으로 해석하는 여유가 생깁니다. 이런 엄마의 해석 능력은 아기에게 세상을 따뜻하게 바라볼 수 있는 시선을 선물합니다.

영화 〈죽은 시인의 사회〉에서 선생님이 제자들에게 책상 위에 올라가 교실을 바라보라고 하는 장면이 나옵니다. 매일 보는 일상적이고 익숙한 광경을 새로운 시선에서 바라보게 함으로써 고정된 시각에서 벗어나라고 하는 것이지요. 같은 교실이라도 보는 각도가 달라지면 새로운 풍경이 펼쳐집니다. 이는 고정관념에서 벗어나 자신의 경험이나 상황을 다르게 바라보라는 것을 의미합니다. 양육은 육체적인 노동과 더불어 정신적인 스트레스가 많은 일입니다. "바꿀 수 없다면 즐겨라!"라는 말처럼 상황은 변하지 않지만 새로운 시각으로 보면 긍정적이고 풍요롭게 해석할 수 있습니다.

영화 속 이 장면은 관점의 전환이 개인의 성장과 삶의 풍요로움에 얼마나 큰 영향을 미치는지 강조합니다. 아기의 잠퇴행, 분리불안, 이앓이 등의 혼란한 상황에서 벗어나 엄마 자신과 아기를 더 깊고 넓게 바라보고 양육의 본질적인 가치를 발견할 수 있는 사람은 부모 자신입니다.

심리적 여유를 가진 엄마는 스스로를 존중하고 신뢰하는 내면의 기반을 형성합니다. 양육을 통해 자신을 더 깊이 이해하면서 '나는 괜찮은 사람이야!'라는 생각을 갖게 되고 양육이 즐거워지는 경험을 하게 됩니다. 결국 아기와의 긍정적 소통은 아기뿐 아니라 엄마 자신에게도 깊은 의미를 부여하며 삶의 전반에서 조화와 성장을 이루는 심리적 자산이 됩니다.

모유 수유를 포기하고 싶을 때
생각해야 할 것들

　독일 철학자 마르틴 하이데거 Martin Heidegger 는 인간을 '세상에 던져진 피투성이 존재'라고 설명합니다. 이는 우리의 삶이 완벽하게 준비된 상태에서 시작되는 것이 아니라 불완전하고 모호한 상태로 시작된다는 것을 의미합니다. 아기는 세상에 나온 순간부터 스스로 엄마 젖을 찾아 빨기 위해 노력합니다. 엄마 젖이 물리지 않으면 소리 지르며 울고 화를 내다가도 다시 젖을 찾아 물려고 시도하지요.

　엄마는 이 모습을 마주하면 두 가지 반응을 보입니다. "아기가 젖을 물지 못하는구나!"라고 해석해 모유 수유를 포기하고 분유를 주고 싶은 마음이 들거나 "아기가 이렇게 먹으려고 노력하는구나!"라고 해석해 시간이 걸려도 아기가 젖을 물기까지 기다립니다. 이처럼 아기의 행동을 부모가 어떻게 바라보고 해석하느냐에 따라 양육이 달라질 수 있습니다. 같은 상황도 부모의 해석에 따라 전혀 다른 결과로 이어지기도 합니다.

양육은 정답이 아닌 해석의 과정이다

출산 후 힘든 상황에서 모유 수유를 지속해 온 한 엄마를 만났습니다. 엄마는 함몰 유두였고 젖이 차면 유방이 단단하고 팽팽해져서 아기가 입에 물려고 해도 계속 미끄러지는 상태였습니다. 현실적으로 모유 수유가 매우 힘든 상황이었죠. 그러나 놀랍게도 아기는 유두 주위를 한두 번 헤매다가 어느 순간 확신 있게 '훅' 하고 젖을 물더니 힘차게 빨기 시작했습니다.

그 모습을 보고 진한 감동이 밀려왔습니다. 엄마가 이 순간을 위해 얼마나 긴 시간 동안 노력했을지, 얼마나 많은 어려움을 이겨 냈을지 고스란히 느껴졌기 때문입니다. 저는 엄마의 마음이 궁금했습니다.

"아기가 많이 힘들었을 것 같은데 엄마에게는 그 시간이 어떤 의미였나요?"

엄마는 잠시 생각하다가 이렇게 대답했습니다.

"저도 많이 힘들었어요. 그만두고 싶다는 생각도 자주 했고, 엄마들이 왜 분유 수유를 선택하는지 너무나 이해가 됐죠. 그런데 아기가 계속해서 노력하는 게 보였어요. 울면서도 다시 젖을 찾고 미끄러지면서도 다시 입에 물리고 하는 아기의 모습을 보며 감동을 받았어요. 아기가 노력하는 모습을 보니 제가 먼저 포기할 수가 없더라고요."

엄마의 이야기를 듣는 동안 제 가슴이 먹먹해지고 눈가에 눈물이 맺혔습니다. 엄마가 아기의 행동을 긍정적으로 해석할 수 있었던 힘은 어디에서 온 것일까요? 단순히 긍정적인 마음가짐이 아니라 자신의 삶과 아기의 존재를 바라보는 깊은 믿음, 어려움을 성장의 기회로 바라보는 따뜻한 태도에서 비롯됐을 겁니다. 이 내면의 힘이 바로 엄마를 가장 강하게 만들고 아기와 함께 성장하며 어려움을 이겨 낼 수 있게 만든 본질적인 원동력이었습니다.

아기를 보는 방식이
아기를 만든다

 미국의 심리학자 제임스 깁슨James Gibson은 자신의 생태심리학Ecological Psychology 이론에서 "존재는 환경과의 상호 작용을 통해 의미를 만들어 간다."라고 말합니다. 아기가 젖을 물기 위해 노력하는 행위는 그 자체로 환경과의 적극적인 상호 작용이며, 이 과정을 통해 아기는 자신의 능력을 키워 나갑니다. 부모는 아기의 상호 작용을 촉진하거나 방해할 수 있는 존재로서 아기의 행동을 해석하는 방식에 따라 그 과정에 긍정적 또는 부정적인 영향을 미칩니다.

 이처럼 양육에서 부모가 상황을 어떻게 해석하느냐는 곧 아기의 존재를 어떻게 바라보느냐와 깊이 연결됩니다. 부모가 아기의 행동을 '실패'로 본다면 부모는 실패를 빨리 해결해야 하는 '문제'로 받아들이게 됩니다. 이 과정에서 부모의 초조함과 조급함이 아기에게 그대로 전달되고 부모와 아기 사이에 불안과 긴장이 형성됩니다.

 반면 부모가 아기의 행동을 자기 삶에 대한 능동적이고 주체적인 표현으로 본다면 부모는 기다리고 지켜보게 됩니다. 단순히 문제를 해결하는 사람이 아니라 아기의 삶과 존재를 지지하고 안내하는 역할을 하는 것이지요. 부모는 인내와 신뢰로 아기를 대하고, 이는 아기가 자기 존재를 온전히 실현할 수 있는 기반을 마련해 줍니다. 아기의 존재를 있는 그대로 존중할 때 양육은 단순한 돌봄을 넘어 더 따뜻하고 풍요로운 여정이 됩니다.

엄마의 자기 신뢰는 물리적 어려움을 넘어선다

초기 모유 수유는 눈에 잘 보이지도 않는 아주 적은 양의 초유로 시작됩니다. 그렇기에 엄마가 "젖이 충분히 나올 거야", "아기에게는 이만큼이면 적당할 거야"라는 믿음이 없으면 시작조차 쉽지 않은 여정입니다. 여기에 함몰 유두처럼 젖꼭지가 바깥으로 돌출되지 않아 아기가 제대로 물기 어렵거나, 유방이 단단하고 미끄러워 아기가 손으로 잡고 유지하기 힘든 상황까지 겹치면 그 어려움은 더욱 커집니다. 아기는 입에서 젖이 계속 빠지며 좌절을 겪게 되고, 엄마 역시 반복된 실패로 수유에 대한 자신감을 잃고 심리적으로 위축될 수 있습니다.

물리적인 어려움은 단순한 불편을 넘어 모유 수유 자체를 포기하게 만드는 결정적인 요인이 되기도 합니다. 그럼에도 앞서 소개한 엄마는 자신의 젖을 먹을 수 있는 아기의 능력을 신뢰했고 스스로 해낼 수 있다는 믿음을 끝까지 놓지 않았습니다. 엄마 내면에 자리 잡은 강하고 따뜻한 자기 신뢰와 용기가 없었다면 어려웠을 겁니다. 자신의 몸이 아기에게 필요한 만큼의 젖을 충분히 제공할 수 있다는 깊은 신념을 품고 있었기에 수유가 안 되는 어려움에도 쉽게 포기하지 않았던 것이지요.

철학자 빅터 프랭클 Viktor Frankl 은 "인간이 가장 힘든 상황에서도 견딜 수 있는 이유는 그 고통을 견디는 것에 어떤 의미가 있다고 느끼기 때문이다."라고 말했습니다. 엄마에게 모유 수유는 어려운 현실이었지만 '아기와 내가 함께 성장하는 특별한 경험'이라고 의미를 부여했기에 이겨 낼 수 있었을 겁니다.

아기가 엄마의 젖을 찾고 빨기 위해 몸부림치는 것은 세상을 자기 몸으로 체험하며 자신을 성장시키는 자연스러운 과정입니다. 이때 아기가 온몸으로 보내는 신호를 부모가 어떻게 받아들이느냐에 따라 아기의 세계는 전혀 다른 모습으로 열리게 됩니다. 양육에는 정답이 없습니다. 흐르고 변하는 삶처럼 양육 또한 끊임없이 조율하고 함께 맞춰 가는 여정입니다. 아기의 모든 몸짓과 행동을 미숙함이 아닌 '살아 있음'의 표현으로, 성장해 가는 한 존재의 진지한 몸부림으로 따뜻하게 받아들여 주세요. 그 믿음이 아기에게 가장 든든한 시작이 되어 줄 겁니다.

먹다 잠드는 아기,
수유와 수면 분리하기

　모유 수유를 하다 보면 아기가 젖을 먹으면서 스르르 잠드는 경우가 흔히 생깁니다. 아기가 모유를 먹을 때 따뜻한 엄마 품에 안겨서 피부와 피부가 맞닿으면 긴장이 풀리고 편안한 상태가 되기 때문에 분유 수유를 하는 아기보다 훨씬 쉽게 잠들곤 하지요. 분유는 아기가 얼마나 먹었는지 젖병에 남은 양을 확인할 수 있어서 아기가 잠들면 살짝 깨워서 먹이기가 상대적으로 수월합니다. 반면 모유는 얼마나 먹었는지 정확히 알기 어렵고 아기가 젖을 물고 잠들었을 때 깨워서 먹이는 게 엄마에게는 참 까다롭게 느껴질 수 있습니다.

아기가 울지 않고 조용히 젖을 먹다가 잠드는 모습은 부모에게 깊은 평온을 주는 순간입니다. 24시간 밤낮 구분 없이 양육에 집중 해야 하는 부모에게 아기의 이런 모습이 잠깐이나마 휴식과 안정감을 가져다줍니다. 특히 아기가 울 때마다 어떻게 반응해야 할지 고민이 많거나 마음이 불안한 부모일수록 젖을 먹으며 조용히 잠드는 아기의 모습이 더욱 반갑고 큰 위안이 될 수밖에 없습니다.

하지만 이런 편리하고 쉬운 방법이 반복되어 습관이 되면 몇 가지 문제가 생길 수 있습니다. 모유 수유할 때 아기가 먹다가 잠들지 않는 것이 왜 중요할까요?

수유와 수면을 분리해야 하는 이유

① 수유 주기가 불규칙해진다

아기가 충분히 배부른 수유를 하지 못한 상태에서 잠들어 버리는 상황이 잦아지면 수유 간격이 불규칙해지거나, 자주 깨서 조금씩 먹게 되면서 아기 스스로 배부른 포만감을 느끼고 자신의 신체적 욕구를 명확하게 인식하는 법을 배우기 어려워집니다. 결국 이런 일이 반복되면 부모 입장에서도 수유가 힘들어지고 아기가 제대로 자라지 않을지도 모른다는 불안감 때문에 모유 수유를 중단하고 분유로 바꾸는 경우까지 생길 수 있습니다.

② 수면 문제로 이어진다

아기가 수유를 마친 후 의식이 깨어 있는 상태에서 바닥에 등을 대고 스스로 잠드는 방법을 배워야 하는데, 젖을 먹으면서 잠드는 습관이 들면 아기는 혼자 힘으로 잠드는 법을 배우지 못합니다. 그렇게 되면 밤에 잠에서 자주 깨거나 깰 때마다 다시 젖을 물어야만 잠드는 습관이 생겨 부모와 아기 모두에게 장기적인 수면 문제로 이어질 수 있습니다.

③ 아기와 부모의 교감 기회를 놓치게 된다

수유를 마친 뒤 아기는 깨어 있는 상태로 부모의 눈을 보며 상호 작용을 통해 피드백을 주고받는 소중한 시간을 가져야 합니다. 이 과정이 아기의 정서적 안정과 자기표현 능력의 기초가 됩니다. 그런데 젖을 먹다가 바로 잠들면 부모와의 이런 의미 있는 상호 작용의 기회를 놓치게 됩니다.

아기가 수유 도중 잠들었을 때는 아주 깊은 잠으로 들어가기 전에 살짝 깨워서 충분히 먹도록 도와주고, 먹는 것과 자는 것을 분리해 스스로 잠드는 경험을 하게 해주세요. 부모와 따뜻한 피드백을 충분히 주고받을 수 있도록 도와주는 것이 장기적으로 아기와 부모 모두에게 가장 좋은 방법입니다.

○ 깨어 있는 상태에서 수유의 중요성

정신분석학자 폴 페데른 Paul Federn 은 "인간은 태어날 때부터 자신이 느끼는 마음(심리적 자아)과 몸(신체적 자아)을 구분하는 감각을 무의식적으로 갖고 있다."고 주장했습니다. 다시 말해 내면에서 느끼는 감정이나 생각과 실제 몸에서 경험하는 감각이나 움직임이 서로 분리되어 있다는 점을 본능적으로 인지한다는 의미입니다.

예를 들어 아기는 배고플 때 신체적 욕구를 느끼고 울음이나 행동으로 표현해 엄마에게 전달합니다. 아기는 배고픔을 표현하는 과정에서 자신(몸과 마음)과 외부 환경(부모)을 점차 구분하고 자신의 욕구를 인식하고 표현하는 법을 배우게 됩니다. 이렇게 마음과 몸의 경계를 명확히 느끼고 구분하는 것이 중요한 이유는 스스로 독립적이고 자율적인 사람으로 인식할 수 있기 때문입니다. 몸과 마음이 자신만의 것이라는 경계를 느끼는 경험이 쌓이면 아기는 성장하면서 자신을 하나의 독립된 존재로 인식하고 존중하며 욕구와 생각을 자신 있게 표현할 수 있게 됩니다.

그래서 아기가 의식이 있는 상태에서 엄마의 젖을 먹으면 자신의 욕구를 보다 명확하게 경험하고 충족할 수 있습니다. 아기는 먹는 동안 자신의 몸에 어떤 감각이 일어나는지, 배고픔이 어떻게 해소되는지를 의식적으로 느끼고 이를 통해 자신의 신체적 욕구를 이해하고 조절할 수 있게 됩니다. 반면 아기가 수유 도중 무의식적으로 잠들면 아기는 먹는 행동과 자는 행동을 구분하는 자아 경계를 인식하는 기회를 잃게 됩니다. 먹는 도중에 잠들어 버리면 배부른 포만감을 정확히 경험하지 못하고 신체적 자아(먹는 행위)와 심리적 자아(잠드는 행위) 사이의 구분이 명확하지 않아 혼란을 겪게 되는 것이지요.

먹다가 잠들지 않는 경험은 성장하면서 스스로를 독립적이고 주체적인 존재로 인식하고 존중하는 능력으로 연결됩니다. 자신과 외부 세계 간의 건강한 경계를 형성하고 유지하는 능력을 길러주며 이후 인간관계, 사회생활, 감정 조절 능력 등 삶의 다양한 영역에서 긍정적이고 중요한 영향을 미치게 됩니다.

그래서 부모가 수유할 때 의식적으로 아기가 깨어 있는 상태에서 충분히 먹도록 유도하는 것은 수유 이상의 의미가 있습니다. 아기가 자기 자신과 세상 사이에 건강한 자아 경계를 형성하도록 도와주는 중요한 성장 과정이라고 할 수 있습니다.

○ 잠들려는 아기를 깨우는 방법

아기가 젖을 먹다가 슬슬 잠이 들려고 할 때의 모습을 관찰하면 그 순간을 쉽게 알아차릴 수 있습니다. 특히 아기의 호흡을 주의 깊게 들어 보면 수유 중인 아기의 호흡이 점점 느려지고 규칙적이고 고르게 편안해지는 느낌을 받을 수 있습니다. 이때 아기의 눈이 감기고 몸이 이완된 상태로 젖을 빨고 있다면 곧 잠에 들려는 순간입니다.

엄마는 아기가 수유 도중 잠에 완전히 들기 전에 자연스럽게 스스로 깨도록 도와주는 것이 좋습니다. 살짝 젖꼭지를 빼고 장소를 이동해서 아기를 바닥이나 침대에 눕혀주세요. 이렇게 하면 아기는 환경의 변화로 인해 자연스럽게 잠에서 깨어나게 되고 불필요한 신체적 자극 없이도 스스로 다시 의식을 찾을 수 있습니다. 이 방법은 아기가 수유와 수면을 건강하게 분리하는 습관을 형성하는 데 도움이 되며 수유 시간을 항상 편안하고 긍정적인 경험으로 유지할 수 있게 해줍니다.

아기를 깨우기 위해 귀를 만지거나 손과 발을 주무르는 분들이 있습니다. 이 방법은 아기 입장에서 불편할 수 있어요. 몸을 자꾸 만지거나 자극해서 깨우다 보면 아기가 수유 시간 자체를 불편한 경험으로 기억하게 될 수 있습니다. 아기는 점점 수유 시간이 편안하지 않고 긴장되거나 불쾌해지는 것이지요.

젖을 물고 자는 아기 분리법

아기에게 젖은 식사입니다. 식사에는 시작과 끝이 있어야 하며 끝맺음은 아기의 몸과 마음에 '충분함'이라는 감각을 남겨야 합니다. 젖을 물고 잠드는 습관은 배부름과 졸림이라는 서로 다른 생리적 감각이 구별되지 않는 혼란을 남기고 자신의 욕구를 정확히 인식하고 조절하는 능력을 배우기 어려워집니다.

아기가 젖을 물고 자는 습관이 있다면 식사와 수면 사이에 교감의 시간을 마련해 주세요. 젖을 다 먹은 후 아기와 눈을 마주치며 "배부르다고 엄마한테 네 생각을 말해줘서 고마워." 하고 말해주고 손을 잡으며 "이제 쉬자, 엄마가 옆에 있어."라고 속삭이는 그 짧은 순간에 감각의 질서를 배우게 됩니다.

" 먹으면서 잠들면 안 돼.
지금은 어렵겠지만 살아가면서
정말 중요한 거라 배워야 한단다."

복잡한 방법을 찾아 헤매기보다 오늘 하루 지금 이 순간 아기와 함께 호흡하며 반복해야 합니다. 반복은 곧 교육이고, 교육은 곧 애착으로 이어지며, 애착은 아기가 평생 지니게 될 정서의 뿌리가 됩니다.

밤중 수유, 언제 어떻게 멈춰야 할까?

밤중 수유를 언제 중단하는 게 좋으냐는 질문을 자주 받습니다. 밤중 수유는 부모가 일방적으로 중단하는 것이 아니라 아기가 더 이상 찾지 않을 때 자연스럽게 중단하는 것이 맞습니다. 수면과 수유가 잘 분리되어 있다면 아기는 밤중에 젖을 찾지 않고 잠을 잘 테니까요. 그러나 현실 양육에서는 말처럼 쉽지가 않습니다. 밤마다 깨어 우는 아기에게 수유를 하거나 입에 공갈젖꼭지를 물려서 다시 재우기 일쑤지요.

개월 수에 따른 공복 수면 시간 체크하기

신생아 시기에는 보통 2~3시간마다 잠에서 깨어 먹던 아기도 점점 성장하면서 밤에 먹지 않고도 오래 잘 수 있는 능력을 갖게 됩니다. 아기마다 개인차가 있지만 일반적으로 생후 3개월까지는 밤중에도 일정한 수유가 필요합니다. 이 시기의 아기가 밤에 먹으려고 깨는 건 정상이므로 아기가 요청하면 수유를 해도 됩니다.

밤에 자주 먹던 아기가 생후 4개월이 되면 공복 수면 시간은 7시간, 생후 6개월이 되면 9시간 동안 안 먹고 잠을 길게 자는 능력이 생깁니다. 그러므로 아기가 개월 수에 맞게 공복 시간을 유지한다면 밤중에 깨더라도 즉시 공갈젖꼭지를 물리거나 수유를 하지 말고 잠시 지켜 보세요. 아기가 진짜 배고파서 깬 것인지, 수면 중 얕은 잠 구간에서 깬 것인지 구분해야 합니다. 구분이 어렵다면 아래의 개월 수에 따른 아기의 공복 수면 시간을 참고해 보세요.

개월 수에 따라 아기가 안 먹고 잘 수 있는 시간

0개월	1개월	2개월	3개월	4개월	5개월	6개월	7~8개월
3~4시간	4시간	5시간	6시간	7시간	8시간	9시간	10~12시간

밤잠에서 깨는 아기, 정말 배고픈 걸까?

부모는 아기가 밤잠에서 깨어나 울 때 진짜로 배고파서 수유가 필요한 상황인지, 얕은 수면 구간에서 잠시 깬 상황인지 구분해야 합니다. 실제로 아기의 수면 주기는 성인의 수면 주기보다 짧게 얕은 잠과 깊은 잠을 오가며 자주 깨는 특성이 있습니다.

만약 부모가 아기의 얕은 잠과 깊은 잠을 제대로 구분하지 못하면 아기가 밤중에 깰 때마다 즉각적으로 수유를 하기 쉽습니다. 특히 '아기가 울면 빨리 달래 줘야 한다'는 양육 기준을 가지고 있거나 '내 아기는 울지 않고 편안해야 한다'고 생각하는 부모라면 아기의 울음에 더욱 즉각적으로 반응하게 됩니다.

부모가 아기의 울음을 지켜보지 못하고 곧바로 반응하는 이유는 무엇일까요? 부모의 내면 깊숙한 곳에 불안감, 두려움, 죄책감이 자리 잡고 있을지 모릅니다. "낮에 충분히 먹어서 밤에 배가 고프지 않을 텐데", "이제 먹지 않고도 잘 수 있는 시기인데"라고 생각하면서도 아기의 울음소리를 들으면 마음이 약해져서 수유를 하게 되는 것이지요. 엄마들은 대개 아기가 우는 모습을 보면 무의식적으로 다음과 같은 생각을 하게 됩니다.

"내가 달래 주지 않으면 아기가 불안하고
외로워하지 않을까?"
"우는데 내버려두면 아기가 나를
신뢰하지 않거나 스트레스 받지 않을까?"

이런 무의식적인 걱정과 불안이 엄마를 성급하게 만듭니다. 결국 엄마는 아기의 울음소리에 마음을 차분하게 유지하지 못하고 즉각적으로 움직입니다. 이런 상태가 반복되면 엄마는 자신의 감정과 불안을 조절하는 데 어려움을 겪고, 자신도 모르게 습관적으로 계속해서 아기에게 수유를 하게 되지요. 아기는 울 때마다 항상 수유가 이루어진다는 경험을 반복하면 무의식적으로 다음과 같은 학습을 하게 됩니다.

'내가 울면 엄마가 달래 줄거야.'
'혼자 잠들기 힘들어. 엄마가 도와줘야 해.'
'젖이 없어서 불안해.'

조급한 마음으로 수유를 했는데 아기가 잘 먹은 후 편안하게 잠드는 모습을 보면 '수유가 필요했구나' 하는 확신이 듭니다. 울음과 수유는 처음에는 같은 선상에서 시작되지만 아기가 자라면서 점차 분리되어야 합니다. 그렇지 않으면 생후 8~9개월이 지나도 수유를 계속하거나 수유를 중단했음에도 밤중에 여전히 공갈젖꼭지를 찾는 이른바 '쪽쪽이 셔틀'이 이어질 수 있습니다.

수유는 아기에게 정서적인 의지가 되어 주는 소중한 시간이지만 언제까지나 안식처로만 기능해서는 곤란합니다. 이런 악순환에서 벗어나기 위해서는 어떻게 해야 할까요? 아기가 울 때 즉시 안아 주는 대신 먼저 귀로 듣고 눈으로 울음을 바라봐 주세요. 아기의 울음소리를 잘 듣는 동시에 표정과 몸짓 등 아기의 작은 신호들을 세심하게 관찰해 보라는 의미입니다.

아기의 울음은 매우 다양합니다. 같은 듯하지만 각각 다른 메시지를 담고 있지요. 울음소리가 들렸을 때 잠깐 기다리며 아기의 상태를 세심히 살펴보는 것이 습관이 되면 좋습니다. 이때 중요한 것은 아기의 울음소리만 듣는 것이 아니라 아기의 하루 전체 생체 리듬과 연결지어서 이해하는 것이 필요합니다. 예를 들어 아기가 배고픔을 느낄 만한 시간이 됐는지, 충분히 먹고 이제 잠들 때가 됐는지 등을 함께 고려하면 좋습니다.

이렇게 아기가 울 때 바로 행동으로 반응하지 않고 잠시 기다리며 관찰하는 습관을 들이면 엄마는 아기의 울음에도 차분히 대응할 수 있는 힘이 생깁니다. 아기 역시 잠깐의 기다림을 통해 스스로 감정을 진정시키고 조절하는 능력을 배우게 됩니다. 이런 습관이 낮 동안 반복되면 엄마는 밤에 아기가 깨어 울 때도 조급하게 반응하지 않고 아기가 정말 배가 고파서 깬 것인지 아니면 잠을 자다 잠깐 얕은 잠 구간에서 깬 것인지 구분해 기다려 줄 수 있는 내적 여유가 생깁니다. 이는 엄마와 아기 모두 편안한 밤을 보내고 건강한 수면 습관을 형성하는 데 큰 도움이 됩니다.

밤중 수유 중단과 정서 지능 발달 관계

밤중 수유를 중단하는 것과 아기의 정서 지능 발달에는 어떤 관계가 있을까요? 세계적인 심리학자와 정신분석학자의 이론과 연구 결과를 토대로 그 중요성을 살펴보겠습니다.

○ 자기 조절 능력을 키운다

앞서 아기가 밤중 수유를 스스로 중단해야 한다고 말한 가장 큰 이유는 아기가 자신의 몸과 마음을 조율하고 내적 욕구를 충족시키는 능력을 배우도록 하기 위해서입니다. 아기는 밤중 수유 중단을 통해 '자기 조절'이라는 중요한 발달 과정을 겪게 됩니다.

미국 하버드대학교 아동발달연구팀의 초기 수면 훈련 관련 연구 결과에 따르면, 아기는 스스로 잠드는 연습을 통해 자기 조절 능력을 키워 나갑니다. 아기가 스스로 잠들 수 있게 되면 자연스럽게 밤중 수유도 중단되겠지요. 이를 통해 아기는 자신의 신체적·정서적 욕구를 구별하고 조율하며 내면에서 발생하는 불편감을 다룰 수 있는 자기 조절 능력이 발달합니다. 이는 아기의 자율성과 독립성, 더 나아가 심리적 성숙으로 이어지며 성인이 되었을 때도 자기 조절 능력과 정서적 안정성이 뛰어날 가능성이 높아집니다.

반면 아기가 밤중에 깼을 때 즉시 수유를 하거나 울 때마다 수유로 안정감을 찾은 아기는 자신의 정서를 스스로 달래고 조절하는 방법을 배우는 데 어려움을 겪습니다. 자신의 욕구를 충족시키기 위해서는 반드시 외부(수유)의 도움이 필요하다고 학습하게 되고 결국 스스로 안정감을 찾는 법을 배우지 못하게 되지요. 이러한 양상은 '학습된 무기력' learned helplessness 과도 연결됩니다.

심리학자 마틴 셀리그먼 Martin Seligman 의 학습된 무기력 연구에 따르면, 반복적으로 자신의 상황을 스스로 변화시키지 못하고 항상 외부에 의해 해결되는 경험을 하면 장기적으로 자신이 처한 상황을 자율적으로 해결하려는 의욕이 저하되고 무기력해질 수 있습니다. 아기가 울 때마다 외부(부모)의 도움을 받아야 한다고 학습하면 결국 문제 해결 능력이나 독립성이 충분히 자라나기 어렵게 되는 것이지요.

처음에는 수유에 의존하다가 향후 이유식 과정에서는 자극적인 장난감을 주거나 스마트폰 동영상을 보여 줘야 식사에 집중하는 아기가 될 수 있습니다. 성인이 되었을 때도 불안이나 스트레스 상황에서 자기 조절이 어려워지고 타인에게 과도하게 정서적 지지를 요구하거나 자신의 감정을 다루는 방법을 찾지 못하는 심리적 어려움으로 연결될 수 있습니다.

애착 형성을 좌우한다

정신분석하자 존 볼비 John Bowlby 와 심리학자 메리 에인스워스 Mary Ainsworth 가 함께 연구한 애착 이론 Attachment Theory 에 따르면, 아기가 초기에 부모로부터 받은 반응은 애착 유형을 형성하는 데 중요한 영향을 미칩니다. 아기가 울 때마다 반복해서 수유로 반응하면 아기는 "나는 스스로 어려움을 극복하기 어렵다. 반드시 타인의 도움이 필요하다."라는 믿음을 내재화하게 됩니다. 이는 불안정 애착 유형으로 이어질 수 있으며, 성장 후에도 스스로 정서 조절이 어려워 외부의 지지나 위로에 과도하게 의존하게 될 가능성이 높습니다. 애착 때문에 반응한 것이 오히려 애착 형성에 방해가 될 수 있다는 말이지요.

반대로 울음의 원인을 파악하고 적절히 반응해 아기 스스로 정서를 조절하는 경험을 하게 해주면 안정적 애착이 형성돼, 자기 자신과 타인에 대한 긍정적 신뢰가 자리 잡게 됩니다. 따라서 아기의 울음 소리를 들으면서 생체 리듬에 따라 먹어야 하는 시간인지 전체적으로 관찰하고 정말 필요할 경우 수유를 하는 것이 중요합니다.

○ 정서적 독립성과 자존감을 형성한다

발달심리학자 에릭 에릭슨Erik Erikson의 심리사회적 발달 이론 Psychosocial Development Theory에 따르면, 초기 유아기에 자율성과 독립성을 키워 주는 경험은 긍정적인 자존감 형성에 매우 중요합니다. 습관적인 울음과 수유 연결이 반복되면 아기는 자신을 별개의 독립된 존재로 인식하기보다 항상 부모와 연결된 존재로 인식하게 되어 정서적 독립성이 약해질 수 있습니다. 이런 경우 성인이 된 후에도 자존감이 낮고 독립적으로 사고하고 행동하는 것이 어려워지며 타인의 평가와 반응에 민감하게 반응하는 성격으로 이어질 수 있습니다.

아기의 성장을 돕는다는 것은 결국 아기가 삶에서 마주하는 다양한 경계를 스스로 이해하고 조화롭게 넘나들도록 하는 것입니다. 밤중 수유 중단은 아기가 자기 자신과 외부 세계의 경계를 명확히 하고 의존과 독립 사이의 균형을 찾는 중요한 경험의 시간입니다. 아기가 자신의 힘을 믿고 스스로 어려움을 극복하며, 주도적으로 문제를 해결하는 능력을 키우는 중요한 시작점이 될 수 있도록 아기의 신호를 민감하게 읽되, 모든 문제를 대신 해결해 주려는 태도는 내려놓아야 합니다.

`SOS! 소장님 도와주세요`

아기가 밤중에
우는 이유

Q1 아기가 정말 배고파서 우는 건지 어떻게 알 수 있나요?

울음만으로 판단하기보다 아기의 생체 리듬과 하루의 흐름을 함께 살펴보는 것이 중요합니다. 먼저 아기가 충분한 수면을 취한 뒤에 깼는지 확인해 보세요. 예를 들어 생후 2개월 이전 아기는 '수면-수유' 사이클이 약 40분, 생후 3개월이 넘은 아기는 50~60분 정도입니다(자세한 내용은 55쪽 참고). 마지막 수유 시점을 기준으로 수유 간격이 지났다면 배고플 가능성이 큽니다. 모유 수유의 경우에는 아기의 생체 리듬을 기준으로 수유하면 됩니다.

Q2 아기가 잠이 오는데 쉽게 잠들지 못해 울어요.

아기가 하품을 하거나 눈을 비비는 등 졸린 신호를 보이면서도 쉽게 잠들지 못하고 힘들어한다면, 그건 아기의 신경계가 아직 조율되지 않았기 때문입니다. 외부 자극이 많거나 내부에 긴장감이 남아 있는 경우, 아기는 아직 스스로 잠드는 기술을 온전히 익히지 못했기에 몸과 마음을 조절하려 애쓰면서 울음으로 표현할 수 있습니다. 이럴 때는 울음을 멈추려 애쓰기보다는 아기의 몸이 이완되고 편안함을 느낄 수 있도록 조용하고 어두운 공간에서 부드러운 자장가를 불러 주거나 리듬감 있는 부모 몸의 진동을 느끼도록 해주는 것이 먼저입니다.

Q3 엄마와의 교감을 원해서 우는 경우는 어떻게 알 수 있나요?

교감을 원할 땐 아기가 사람 얼굴을 찾거나 눈을 마주치려고 시도합니다. 울다가도 엄마가 눈을 맞추면 울음을 뚝 그치거나 환하게 웃거나 조용히 집중하기도 합니다. 이럴 땐 수유도 수면도 장난감도 아닌 사람이 필요합니다. 장난감이나 모빌을 보여 주기보다 울음을 들어 주고 눈을 맞추고 표정을 읽어 주고 말을 건네며 존재를 느끼게 해주는 것만으로도 충분합니다. "엄마 냄새가 필요했구나", "엄마 품이 그리웠구나"라고 응답하면 됩니다. 아기의 울음은 교감을 청하는 초대장입니다. 그 울음에 따뜻하게 응답해 줄 때 아기와 진짜 함께 하는 경험이 됩니다. 그러나 그 시간이 밤중이라면 아기가 놀고 싶어 하고 교감을 원하더라도 '지금은 자는 시간'이라는 것을 분명하게 이야기하고 트림 후 잠들지 않더라도 눕혀 놓고 기다려 주는 것이 좋습니다.

Q4 아기가 밤중 얕은 잠 구간에서 자주 깨요.

아기가 밤에 자주 깬다면 먼저 낮잠 습관을 점검해볼 필요가 있습니다. 낮잠을 잘 때 젖이나 공갈젖꼭지를 물고 잠들거나 엄마가 안아서 재우는 방식처럼 외부의 도움으로 잠드는 습관(잠연관)이 있다면 밤잠에 영향을 줄 수 있습니다.

사출 때문에
모유를 거부한다면

사출이란 모유 흐름이 좋아 강하게 분출되는 현상입니다. 과학적으로 사출은 아기의 울음소리가 들리거나 수유 시간이 다가왔을 때 엄마의 시상하부와 뇌하수체가 반응해 옥시토신을 분비하는 과정입니다. 그러나 이 현상 이면에는 '너를 지키고 싶다', '네가 필요로 할 때 언제든지 곁에 있다'라는 엄마의 깊고 본능적인 메시지가 담겨 있습니다. 엄마는 아기의 가장 작은 신호에도 민감하게 반응하며 자신의 존재와 감정을 액체화해 아기에게 넘겨줍니다. 아기는 이를 통해 세상을 신뢰하고 자신이 안전하며 사랑받고 있음을 실제적으로 경험하는 순간이기도 합니다.

사출 중에 아기가 먹다가 멈춰서 젖에서 입을 떼면 모유가 사방으로 튀어 나갑니다. 이는 마치 엄마의 무조건적인 사랑이 주체할 수 없이 넘쳐흐르는 장면을 연상시킵니다. 아기가 편안히 젖을 삼킬 수 있는 것은 바로 이 강력하고 확실한 사출 덕분입니다.

○ 아기의 사출 조절 능력

사출이 일어나지 않으면 아기는 깨작깨작 먹지만 사출이 일어나면 아래턱을 힘차게 움직이면서 5~10분간 꿀꺽꿀꺽 먹습니다. 이때 아기가 호흡을 조절하면서 잘 먹으면 가만히 내버려둬야 합니다. 자신의 호흡으로 리듬을 타면서 먹어야 하니까요. 감당하기 벅찬 양이 입안으로 들어오면 고개를 뒤로 젖히면서 유두를 얕게 물기도 합니다. 유두를 얕게 무는 것은 젖먹는 양을 조절하기 위해서 입니다. 이렇게 아기는 사출이 일어날 때 스스로 조절해서 먹을 수 있는 능력이 있습니다.

사출이 발생할 때는 얕게 물어도 유두에 자극이 많이 되지 않습니다. 입이 움직일 때마다 수분이 많기 때문입니다. 하지만 사출이 멈추면 얕게 문 경우 유두가 아플 수 있고 유두가 자극되면 상처가 날 수 있습니다. 이때는 깊게 물 수 있도록 자세를 교정하거나 아기와 밀착하면 좋습니다. 아기가 깊게 무는 것을 거부한다면 먹고 싶지 않거나 유두를 문 채로 잠들고 싶은 다른 이유가 있을 수 있으므로 그 이유가 무엇인지 살펴봐야 합니다.

아기가 사출을 거부하는 이유

어떤 아기는 조금만 사출이 발생해도 울면서 거부하고 그때부터 수유를 하지 않으려고 하기도 합니다. 사출이 있어야 젖을 수월하게 먹을 수 있는데 어째서 아기는 사출을 힘들어하는 걸까요? 이때 부모는 아기를 잘 관찰해야 합니다. 먹는 중간에 아기가 힘들어하는지, 처음부터 힘들어하는지, 어느 정도 먹고 나서 힘들어하는지, 눈을 감고 먹는지, 호흡을 봤을 때 진짜 먹는지 아니면 자려고 하는지 등을 관찰해 보세요. 아기는 각기 다른 이유로 사출을 힘들어하기 때문입니다.

① 의식이 없는 상태일 때

아기가 수유할 때 의식이 있는 상태로 먹느냐, 의식이 없는 상태로 먹느냐가 굉장히 중요합니다. 수유하다가 잠들어서 의식이 없는 아기는 사출을 싫어합니다. 반면 의식이 있는 아기는 '사출 쯤이야!' 하면서 잘 먹습니다. 의식이 있는 상태에서 젖을 먹는다는 건 아기가 스스로 지금 무엇을 하고 있는지 알고 있기 때문에 사출은 문제가 되지 않습니다. 반면 의식이 없는 상태에서는 스스로 무엇을 하고 있는지 모르기 때문에 사출이 일어나면 사레 걸리고 기침을 하기도 합니다. 그러니 부모는 아기가 정신이 명료한 상태에서 진짜 호흡을 하며 먹는지 살펴야 하고, 그렇게 먹도록 환경을 만들어 주어야 합니다.

② 먹는 시기

사출이 일어난 처음부터 아기가 힘들어한다면 배가 고프지 않거나 수유 경험이 적은 건 아닌지 살펴봐야 합니다. 먹는 중간에 힘들어한다면 양이 너무 많이 나와서 아기의 호흡과 안 맞거나 스스로 조율하고 싶은데 엄마가 잘 먹으라고 몸을 너무 밀착한 것은 아닌지 살펴봅니다. 어느 정도 먹고 나서 힘들어한다거나 눈을 감고 먹으면서 힘들어한다면 자고 싶은데 사출이 일어나서 미처 삼키지 못하거나 사레 걸려 힘들어하는 것일 수 있습니다.

아기가 하는 행동에는 모두 이유가 있습니다. 그 이유가 무엇인지 잘 모를 수 있어도 무시하면 절대 안 됩니다. 특히 사출로 인한 어려움이 있을 때는 아기를 더욱더 많이 관찰해야 합니다. 사출이 발생하면 현상도 관찰하지만 아기 마음을 들여다보고 아기가 어떻게 행동하는지 살펴주세요.

유두 혼동, 어떻게 대처해야 할까?

모유 수유를 하는 시간은 엄마와 아기가 서로 마주하고 교감하는 특별한 일대일의 시간입니다. 이 순간에는 오직 엄마와 아기만이 존재하며 서로가 준비돼 있을 때 진정한 수유가 이루어집니다. 엄마만 준비돼 있거나 아기만 준비돼 있을 경우 수유가 잘 진행되기 어렵습니다. 양쪽 모두 준비가 돼 있어야만 편안하고 원활한 수유가 가능합니다.

유두 혼동은 이 준비 과정에서 발생할 수 있는 문제 중 하나입니다. 아기가 엄마의 유두와 젖병 꼭지 등 다른 물체 사이에서 혼란을 느껴 엄마의 유두를 제대로 물거나 빨지 못하는 상태를 말합니다. 쉽게 말해 엄마는 수유할 준비가 돼 있고 젖을 주려고 하는데, 아기가 엄마의 유두를 올바르게 물고 빠는 방법을 헷갈려 하면서 잘 먹지 못하는 것입니다.

유두 혼동이 발생하는 주된 이유는 아기가 젖병 꼭지를 사용하면서 빨기 쉬운 방식에 익숙해져 버린 경우입니다. 젖병 꼭지는 엄마의 유두와 달리 빨기 위한 노력이 덜 필요하기 때문에 아기가 쉽게 젖을 얻는 방법에 익숙해지면서 엄마의 유두를 거부하거나 제대로 물지 못하게 되는 것이지요.

이렇게 유두 혼동이 발생했다는 것은 아기가 못하는 것이 아니라 오히려 아기의 감각과 인지력이 잘 발달하고 있다는 긍정적인 신호입니다. 아기는 이미 엄마의 유두와 젖병 꼭지의 차이를 명확히 구분할 수 있을 만큼 섬세한 감각을 가지고 있다는 의미입니다. 이때 아기는 자신이 느끼기에 더 쉽고 익숙한 방식을 요구하고 있는 것입니다.

부모는 아기가 당장 원하는 편리한 방법을 바로 주는 대신 아기가 조금 어렵더라도 장기적으로 더 좋은 방식을 배우고 익히도록 도와주어야 합니다. 이것은 부모가 아기에게 진짜 좋은 것이 무엇인지 가르쳐 주는 소중한 기회입니다. 처음에는 아기와 부모 모두 어려움을 느낄 수 있지만 차근차근 인내하고 기다리며 함께 소통하다 보면 아기는 결국 엄마의 따뜻한 품에서 자연스럽게 수유 방법을 익히고 더 편안함을 느끼게 될 것입니다.

유두 혼동은 아기의 발달 과정에서 필연적으로 나타나는 현상이며 아기가 보내는 소중한 메시지입니다. 혼동을 단순히 문제로 보지 않고 아기의 의미 있는 표현으로 받아들이며 아기의 감각과 인지를 존중하는 것이 필요합니다.

"네가 느끼는 혼란은 당연한 거야.
천천히 익숙해질 수 있도록 기다려 줄게."

아기가 유두 혼동을 극복할 수 있도록 부드럽게 만져주며 안정된 목소리를 들려주세요. 엄마가 감정적으로 따뜻하게 반응하면 아기는 자신이 혼란스럽거나 불편한 상황에서도 안정감을 느끼며 더 빨리 수유 습관을 형성할 수 있습니다.

현명하게 단유하기

 단유란 수유를 졸업하는 것으로, 아기와 엄마에게 제1막의 마무리를 의미합니다. 모유 수유와 분유 수유 모두 해당하지만 모유 수유를 했다면 단유를 잘 준비해야 합니다. 아기가 모유 수유를 하면서 느낀 따뜻한 교감과 감정을 단유하는 과정에서도 유지할 수 있어야 하기 때문이지요. 모유 수유에서 단유는 단지 수유를 멈추는 것이 아니라 엄마와 아기의 관계가 한 단계 더 성장하는 과정입니다.

 지금까지 엄마 품에서 아기는 세상에 대한 깊은 신뢰와 무한한 사랑을 경험했다는 것을 엄마는 기억해야 합니다. 매일의 수유 시간 동안 아기는 엄마의 심장 소리를 들으며 안정을 느꼈고 배부름이라는 포만감과 만족을 경험했습니다. 이와 더불어 엄마도 아기의 작은 온기를 통해 삶에서 가장 순수하고 아름다운 기쁨을 느꼈을 거예요. 두 사람이 현실적으로 연결된 시간입니다. 지금까지 그랬던 것처럼 단유할 때도 아기의 생체 리듬과 속도에 맞춰 서로를 존중하고 격려하는 시간이 필요합니다.

아기가 주체가 되어 단유하려면

단유에서 가장 중요한 것은 아기가 주체가 되어야 한다는 것입니다. 엄마가 기다리면서 기회를 줬더니 아기 스스로 젖을 물고 먹었던 것처럼 단유도 아기가 준비되었을 때 졸업이 이루어지도록 하는 것이 가장 좋습니다. 이를 위해 젖을 먹는 것과 잠을 자는 것을 분리하고 개월 수에 맞는 적절한 이유식을 통해 점진적으로 단유가 이루어지도록 해야 합니다.

개월 수에 따른 수유 횟수와 이유식 비중을 표로 정리했습니다. 이는 일반적인 기준일뿐 아기의 개별적인 성장 패턴과 식욕에 따라 조정해야 합니다. 특히 단계적으로 진행 할 때는 아기가 자신만의 생체 리듬을 발견하고 내재화하는 과정이 필요합니다.

아기가 돌이 되면 수유를 2~3회 합니다. 15개월쯤 되면 1~2

개월 수에 따른 수유 횟수와 이유식 비중

개월 수	수유 횟수	식사 횟수	수유 : 이유식	식사 목표
6개월	4~5회	1~2회	90 : 10	감각 탐색, 질감 경험, 손과 입 협응
7~8개월	4회	2~3회	80 : 20	스스로 먹기 시도, 다양한 질감 노출
9~10개월	3~4회	3회	60 : 40	식사 구조 이해, 씹는 감각 강화
11~12개월	2~3회	3회+간식1회	50 : 50	리듬 훈련, 거부감 수용, 식사 시간 규칙 익히기
13~15개월	2회	3회+간식	30~40 : 60~70	자율적 식사

회, 15~18개월에는 1회 정도로 줄어 들면서 이유식을 병행하게 되지요. 이런 식으로 수유 횟수가 줄게끔 엄마가 의도를 가지고 졸업 연습을 해야 합니다. 엄마는 의도를 가지고 모르는 척할 수도 있고 설명을 해줄 수도 있습니다.

만약 하루 3회 수유 중이라면 수유 횟수를 줄이기 전에 아기가 정서적으로 준비되었는지 점검해야 합니다. 젖 없이도 안정감을 느끼는지, 이유식을 잘 받아들이는지 살펴보세요. 충분히 배불러야 아기 스스로 수유에서 벗어나는 주체적 단유가 이루어집니다. 수유 횟수를 줄일 때는 다음 방법을 시도해 보세요.

① 수유 시간 점차 줄이기

평소 15분간 수유했다면 다음에는 10분, 그다음에는 5분으로 수유 시간을 점차 줄입니다. 수유 시간과 양이 줄어든 만큼 이유식을 충분히 먹을 수 있도록 조절해 주세요.

② 수유와 이유식 순서 바꾸기

기상 후 아기에게 이유식을 먼저 주고 수유를 미루는 방식으로 식사 순서를 바꿔 주세요. 수유에 대한 의존도를 서서히 낮추는 데 도움이 됩니다. 수유를 단번에 끊는 것이 아니라 '이유식 → 교감 → 수유' 순서를 반복하면서 이유식으로 배고픔을 스스로 해결하고 점차 젖이 없어도 안정되고 만족스러운 식사를 느낄 수 있도록 도와주는 것이 핵심입니다. 수유가 마지막 순서가 되면 점차 아기의 하루에서 중요도가 낮아지고, 이는 자율적인 식사와 정서적 독립으로 이어집니다.

돌이 지난 아기에게 엄마의 젖은 단지 음식이 아닙니다. 아기는 젖을 먹으면서 배부르게 먹기 위해서는 열심히 흡입해야 하는 상황에서 지구력과 인내심을 배웠습니다. 배부른 뒤에 오는 포만감과 만족감도 경험했지요. 이런 감각을 느끼면서 먹기 위해서는 집중해야 한다는 것도 알았습니다. 이 과정을 엄마와 함께했기 때문에 엄마와 멋진 졸업이 되도록 세심하게 준비를 해야 합니다.

지금까지 아기는 엄마에게 인생에서 가장 중요한 지구력, 인내심, 성실, 책임감, 만족, 포만감 등을 배웠는데 마지막 졸업의 순간에 엄마가 일방적으로 모유를 주지 않는다면 아기가 경험했던 소중한 가치들은 혼란과 불신으로 변질될 수 있습니다. 아기의 마음속에서 지금까지 쌓아 온 신뢰와 사랑의 기반이 흔들리며 세상을 바라보는 방식마저 왜곡될 가능성이 있습니다. 그러므로 엄마가 정한 날짜나 "두 돌 생일 파티하면 찌찌 빠빠이~ 하는 거야."라는 식으로 갑작스럽게 수유를 중단하지 않아야 합니다.

엄마의 달력이 아니라 아기의 마음속 달력을 따라 주세요. 엄마가 왜 단유를 해야 하는지, 아기가 하루에 얼마나 수유를 하고 있는지 신중하게 생각하고 접근하면 아기와 엄마 모두 상처받지 않고 아름다운 졸업을 경험할 수 있습니다. 아기가 수유를 참는 모습을 볼 때는 고마운 마음을 전해 주세요.

> "엄마는 너와 함께 수유했던 시간이 행복했어. 너에게도 좋은 기억으로 남았으면 좋겠어."

6개월 이전에 단유해야 한다면

아기가 엄마 젖을 끊기 전에 분유나 유축한 모유를 대체식으로 받아들일 수 있어야 합니다. 아기가 젖병 꼭지를 잘 물지 않는다면 단유 과정은 아기에게 매우 혼란스럽고 힘든 경험이 될 수 있습니다. 심할 경우 아무것도 먹지 않으려는 거부 반응으로까지 이어질 수 있습니다. 갑작스럽게 젖을 끊기보다 엄마 젖과 가장 유사한 환경을 젖병으로 재현해 주는 연결 과정이 필요합니다.

우선은 젖병에 유축한 모유를 담고 아기가 가장 편안한 시간(예를 들어 배고프지 않고 살짝 배부를 때)에 조용한 환경에서 아기에게 젖병을 소개해 주세요. 억지로 입에 물리지 말고 아기가 편안하게 앉은 자세에서 젖병 꼭지를 입 주변에 부드럽게 대며 '이런 것도 있구나' 하고 탐색할 기회를 주는 것이 핵심입니다. 아기가 받아들이기까지 시간이 걸릴 수 있으므로 조급해하지 말고 반응보다 경험에 집중하는 태도가 필요합니다.

돌 전후에 단유하게 됐다면

 돌이 지난 아기가 단유를 준비할 때 가장 먼저 확인해야 할 것은 수유와 수면이 분리되어 있는지 여부입니다. 아기가 울 때마다 젖을 물며 잠드는 방식을 반복해 왔다면 수유는 단지 식사의 의미를 넘어서 수면 전 정서적 진정 도구로 작용해 왔을 가능성이 큽니다. 이런 아기에게 단유는 곧 잠드는 방식 전체를 바꾸는 일이 되기에 저항이 클 수 있습니다. 특히 밤중 수유를 지속하고 있다면 단유에 앞서 반드시 수면과 수유를 분리하는 훈련이 필요합니다. 아기가 스스로 잠드는 루틴이 자리 잡혀야 수유가 끊기더라도 정서적 안정을 유지할 수 있기 때문입니다.

 이 시기의 아기는 또 한 가지 중요한 변화를 겪습니다. 바로 '분리 불안'입니다. 수유는 단지 배를 채우는 일이 아니라 엄마와 연결되어 있다는 상징으로, 엄마가 젖을 주지 않을 때 아기는 관계가 끊기는 섭섭함과 혼란을 느낍니다. 그래서 단유는 '엄마는 여전히 너와 함께 있어'라는 메시지를 전달하는 과정이 되어야 합니다. 그렇다면 돌 전후의 아기는 어떻게 단유를 준비해야 할까요?

 젖이 아니어도 충분히 배부를 수 있다는 경험이 선행되어야 합니다. 이유식이나 우유로 포만감을 경험한 아기는 점차 수유에 대한 욕구가 줄어들고 수유 없이도 배부르고 편안해질 수 있다는 것을 느끼기 시작합니다. 배부른 수유를 거친 아기는 빠르면 18~20개월, 늦어도 24~26개월 무렵 자연스럽게 '이제는 젖이 없어도 괜찮다'는 태도로 변합니다. 어떤 날은 찾고 어떤 날은 찾지 않으면서 2~3일에 한 번 먹기도 하고 점차 잊어 가는 방식으로 수유에서 멀어집니다.

결국 단유는 하루아침에 끊는 것이 아니라 아기의 신체적 포만감, 정서적 연결감, 수면 독립성이 조화를 이루는 과정을 통해 가장 저항 없이 이루어질 수 있습니다.

○ 단유를 앞둔 엄마에게

저는 단유를 '모유 수유 졸업'이라고 표현합니다. 우리가 초등학교를 졸업하고 중학교로, 중학교를 졸업하고 고등학교로 나아가듯이 단유 또한 졸업의 한 과정입니다. 졸업식에 가면 어떤가요? 꽃다발을 전달하고 상장을 수여합니다. 헤어짐이 아쉬워 눈물을 흘리기도 하지만 새로운 시작을 향한 설렘이 함께하는 시간이지요.

졸업을 맞이할 때 엄마와 아기는 어떤 감정을 경험하게 될까요? 제가 만난 엄마들은 하나같이 무언가를 해냈다는 뿌듯함과 자부심을 느낍니다. 출산 초기 유방 울혈, 유두 상처, 젖몸살로 힘들었음에도 모유 수유를 성공적으로 해냈다는 깊은 성취감을 경험하면서 엄마 자신에 대한 믿음도 함께 얻습니다.

아기에게 신의 음식이라 불리는 모유를 줄 수 있었다는 이 특별한 경험은 시간이 지나면 지날수록 엄마의 심장에 선명한 도장처럼 새겨져 남습니다. 저 역시 제 아들이 젖을 처음 물었던 그 순간을 아직도 생생히 기억합니다. 세월이 35년이나 흘렀지만 제 피부는 여전히 그 따스한 감촉과 감정을 잊지 않고 있습니다. 모든 엄마의 젖은 어떤 이유에서건 가치를 매길 수 없을 만큼 소중한 것입니다. 이 순간이 아름다운 기억으로 남도록 서두르지 말고 천천히 아기와 엄마의 마음을 헤아리며 단유하기를 권합니다.

SOS! 소장님 도와주세요

단유에 어려움을
겪고 있다면?

Q1 아기가 돌이 지났는데도 젖에 집착하며 보채요.

아기가 왜 젖을 찾는지 두 가지 가능성을 살펴보세요. 첫째, 젖을 통해 정서적 안정감을 얻으려는 경우와 둘째, 잠들기 위한 수단으로 젖을 찾는 경우입니다.

첫째, 정서적 안정감을 얻고 싶은 경우라면 짧은 시간이라도 아기와 눈을 맞추면서 아기가 시선을 다른 곳으로 돌릴 때까지 함께 머물러 주세요. 이 과정이 아기에게 충분한 정서적 연결감을 느끼게 해줍니다. 둘째, 잠들기 위해서라면 아기가 배고파서 젖을 찾는 것이 아니므로 수유를 충분히 했다는 확신을 가져야 합니다. 아기의 욕구가 무엇인지 알아차리고 경계를 세워 주는 것이 중요합니다.

그다음으로 수유 중 아기가 실제로 젖을 먹고 있는지, 단순히 오물거리거나 입에 물고만 있는지를 살펴보세요. 실제로 먹는 경우가 아니라면 수유를 중단해야 합니다. 이때 아기가 울면 이렇게 말해 주세요.

"젖 없이 잠드는 거 어렵지? 맞아, 힘들 수 있어. 그런데 젖을 먹다 잠들면 안 되니까 엄마가 가르쳐 주고 싶어서 수유를 멈췄단다."

지금 우는 이유는 배고픔이 아니라 잠들기 위한 수단으로 젖을 찾는 것임을 엄마가 인지하고 젖 없이도 잠드는 법을 학습하게 해주세요.

Q2 수유와 이유식 병행은 언제부터 해도 될까요?

일반적으로 생후 만 6개월(180일)을 기준으로 이유식을 시작할 수 있습니다. 수유와 이유식을 병행하는 것은 단순히 '이제 밥도 먹어야 해요'를 의미하는 것이 아닙니다. 수유에만 의지하던 아기가 이유식으로 넘어가면서 새로운 맛, 감각, 경험을 받아들이며 세상과 관계를 확장해 가는 전환점입니다. 이 시기는 '자기 세계로의 첫걸음'이자 엄마와 아기가 새로운 방식으로 다시 연결되는 시기이기도 합니다.

Q3 엄마 사정으로(아프거나 복직 등) 단유해야 하는 상황이에요.

엄마 건강 문제나 복직 등의 이유로 단유를 결정할 경우 흔히 "엄마가 너무 아파서 이제는 젖을 줄 수 없어."라고 말합니다. 이 말은 어른에게는 설명이 되지만 아기에게는 '내가 엄마를 힘들게 한 걸까?', '내가 뭘 잘못했나?'라는 죄책감으로 받아들여질 수 있습니다. 아기의 세계에서는 말보다 감정이 먼저 감지되기 때문이지요. 엄마는 아기에게 감정을 싣지 않은 진실한 설명을 해줘야 합니다.

"이제는 엄마가 몸을 좀 더 돌봐야 해서 젖을 일찍 졸업하게 되었단다. 젖 먹는 너의 모습을 보는 건 엄마에게 감동이었어. 이제는 젖이 아닌 다른 방식으로 우리 함께하자."

이런 설명은 엄마도 수유 시간이 의미 있었음을 확인하고, 아기에게 미안해하지 않아도 괜찮다는 위로가 됩니다. 어떤 이유로든 언제든 단유해야 하는 순간이 찾아오면 '끝내는 일'이 아니라 '형태를 바꾸는 일'이라는 인식을 가져 보세요. 엄마에게도 마음의 짐으로 남지 않아야 합니다.

제4장

완밥하는 이유식 습관 만들기

부모의 태도가
이유식 방향을 결정한다

"이유식을 어떻게 시작하면 좋을까요?"

수유에서 이유식으로 넘어가는 시기에 엄마는 고민이 많습니다. 아기에게 언제 무엇을 어떻게 먹여야 할지 모든 것이 처음이라 막막하기 때문이지요. 그런 엄마들에게 들려주고 싶은 이야기가 하나 있습니다. 철학자 최진석 교수의 책 《탁월한 사유의 시선》에 나오는 피아노 치는 사람에 관한 이야기입니다.

어떤 사람이 자신을 '피아노를 잘 치는 피아니스트'라고 생각하면 그의 세계는 피아노라는 악기 안에 머물게 됩니다. 하지만 자신을 피아노에만 국한시키지 않고 '음악 하는 사람'으로 정의하면 그는 피아노뿐 아니라 다른 악기와 음악적 요소까지 자유롭게 탐색할 수 있는 '뮤지션'으로 성장하게 됩니다. 한 걸음 더 나아가 자신을 음악뿐 아니라 예술을 하는 '아티스트'라고 정의하면 그는 음악을 넘어 모든 예술 분야로 재능을 확장할 수 있는 가능성을 가지게 됩니다.

이처럼 자신을 어떻게 정의하느냐에 따라 우리가 살아가는 방식과 태도가 달라지고 세상을 바라보는 시야 역시 더 넓어질 수 있습니다. 그 책을 읽으면서 제 머릿속에는 양육을 하는 부모의 모습이 떠올랐습니다. 이유식을 시작하기 전에 부모로서 나는 어떤 사람이 되고 싶은지 스스로 질문을 던져 보는 건 어떨까요?

부모 역할 정하기:
잘 먹이는 사람 vs 아기를 돌보는 사람

아기를 양육하는 부모가 이유식을 시작할 때 자신을 단지 '이유식을 잘 먹이는 사람'으로만 규정한다면 단순히 아기에게 음식을 먹이는 역할에 머물게 될 것입니다. 이 경우 부모의 역할은 이유식 양과 메뉴, 그리고 아기가 잘 먹는 데 중점을 두게 되겠지요. 이런 방법이 한편으로 편리하고 효율적이지만 아기의 고유한 개성이나 리듬을 충분히 고려하지 못할 수도 있습니다. 그리고 부모는 부모가 정한 길이 곧 아기가 따라가야 할 길이라고 생각해 아기가 안 먹으면 무엇 때문에 안 먹는지를 고민하기보다는 '예민한 아기', '힘든 아기'라고 정의하기 쉽습니다.

반면 부모가 자신의 역할을 이유식을 먹이는 행위에 국한하지 않고 '아기를 존중하며 돌보는 사람'으로 확장하면 부모는 음식을 제공하는 사람이 아닌 아기의 신호와 마음을 읽고 공감하는 '양육자'가 됩니다. 이때 부모의 역할은 전문가의 지침, 정량화된 메뉴, 정해진 양을 지키면서도 아기의 정서적·사회적·신체적 성장 전반을 포괄하는 겁니다.

저는 많은 부모가 자신을 '아기를 키우는 아티스트'로 여기면 좋겠습니다. 아티스트는 기존의 방식에 얽매이지 않고 자신만의 길을 개척하는 사람입니다. 아티스트처럼 양육한다는 것은 정해진 악보 없이 내 아기의 성장과 발달 과정에서 개별적인 차이와 고유한 리듬을 발견하고 그에 따라 양육하는 것을 의미합니다.

부모는 아기의 몸짓, 표정, 눈빛, 작은 소리 하나하나에 귀 기울이며 함께 악보를 그려 나가야 합니다. 아티스트처럼 접근하면 이유식 시간은 단순히 음식을 먹이는 시간이 아니라 아기와 소통하고 공감하며 서로의 감각과 창의성을 자유롭게 표현하는 시간이 될 것입니다.

그런데 이때 주의해야 할 점이 있습니다. 어느 한 가지 역할만 고집해서는 안 된다는 것입니다. 이유식을 하면서 때에 따라 부모는 피아니스트가 정해진 악보에 맞춰 연주하듯 정확한 양과 일정, 메뉴 등의 매뉴얼을 지키면서 규칙적으로 이유식을 제공하고 아기가 적정량을 섭취하는지 살펴야 합니다. 동시에 뮤지션처럼 아기의 상태와 신호에 따라 유연하게 대응하면서 변화를 인정하고 융통성을 발휘하기도 해야 하지요. 또 아티스트처럼 이유식의 모든 순간을 창의적으로 탐구하는 과정으로 바라봐야 합니다. 아기가 자유롭게 음식을 탐색하고 선택하며 때론 예상치 못한 행동을 해도 이를 존중하며 기다려야 한다는 뜻입니다. 하지만 실제로 이유식을 하다 보면 매 순간 어려움에 부딪히게 됩니다.

- 아기의 식사량이 매번 달라져서 불안하다.
- 주변 시선이나 조언으로 혼란스럽다.
- 음식이 바닥에 떨어지고 옷에 묻어 지저분해진다.
- 아기의 느린 탐색을 여유롭게 기다리기가 쉽지 않다.
- 아기의 건강이나 성장이 불안정하게 느껴진다.

이처럼 이유식은 부모의 계획대로만 진행되지 않습니다. 감정적으로나 체력적으로 부모에게 큰 부담이 되는 경우가 많지요. 그렇다면 이유식 과정에서 어려움에 빠졌을 때 어떻게 해야 할까요?

이유식 목표 정하기:
얼마나 먹였나 vs 어떻게 경험했나

많은 부모가 아기에게 '얼마나 잘 먹었는가'에 집중합니다. 하지만 중요한 것은 아기가 스스로 음식을 탐색하고 경험해 나가는 전체적인 흐름입니다. 그러니 하루 또는 한 번의 식사로 일희일비하지 말고 일주일 정도의 긴 시간 동안 아기의 식사 패턴, 건강 상태, 발달 정도를 종합적으로 관찰해야 합니다.

무엇보다 부모 스스로 이유식의 목표를 '정해진 양을 먹이는 것'에서 '아기 스스로 탐색하고 경험하게 하는 것'으로 바꾸는 인식 전환이 필요합니다. 아래 네 가지 지침이 그 첫걸음이 되어줄 것입니다.

① 준비되지 않은 아기에게 많은 것을 기대하지 않기

이유식은 단지 영양을 공급하는 시간이 아닙니다. 아기가 자신의 감각과 리듬에 따라 세상과 관계 맺는 방법을 배우는 과정입니다. 아직 준비되지 않은 아기에게 섣불리 너무 많은 것을 요구하지 마세요.

② 음식에 관심이 없어 보이면 나중에 다시 주기

아기가 걸음마를 배울 때 혼자 첫걸음을 뗄 때까지 억지로 걷게 하지 않는 것처럼 이유식도 마찬가지입니다. 오늘 덜 먹었다고 불안해하지 마세요. '충분히 먹지 못하면 어쩌지', '영양이 부족하진 않을까' 걱정되겠지만 아기를 믿는 것이 먼저입니다. 이유식을 먹는 주체는 아기이므로 아기가 주도적으로 식사에 참여할 수 있도록 기회를 주세요. 부모는 보호자이자 관찰자로서 아기의 상태와 신호를 세심하게 읽으면 됩니다.

③ 아기를 늘 같은 자리에 앉히기

의자에 앉아서 먹는 경험이 반복되면 아기는 자연스럽게 '의자에 앉아서 먹는다'는 식사 규칙을 익히게 됩니다. 식사 시간과 장소가 매일 규칙적으로 유지되면 아기 역시 음식이 주어질 때 기꺼이 받아들이고 식사에 집중하는 힘이 자라납니다. 먹을지 말지는 아기의 선택에 맡기되 의자에서 벗어나면 식사는 끝난다는 원칙을 분명히 해주세요. 부모가 일관되게 기대치를 설정하고 그에 따라 제한을 적용하는 태도는 자율성과 규율을 함께 익히는 건강한 훈육의 시작입니다.

④ 아기의 행동을 소중하게 여겨 주기

음식을 흘리거나 지저분하게 먹는 것, 숟가락을 떨어뜨리는 것은 아기에게 자연스러운 과정입니다. 바르게 먹으라고 요구하기보다 감각을 탐색하고 표현하는 아기의 행동 자체를 존중해 주세요. 아기가 할 수 없는 것을 기대하지 않고 지금 이 시기의 아기로서 존재할 수 있도록 도와주는 것이야말로 진짜 양육입니다. 충분히 느리게 성장하면서 충분히 경험할 수 있도록 기다려 주는 태도가 중요합니다.

부모는 아기를 안전하게 보호하는 동시에 성장을 생각해야 합니다. 비록 오늘은 안 먹지만 지금은 지저분하게 먹지만 오늘 부모의 태도가 내일 아기의 행동에 어떤 영향을 미칠지 미래를 고민하는 것이 성장을 생각하는 부모입니다.

이유식을 언제 시작하면 좋을까?

"이유식을 생후 4개월에 시작하라는 사람도 있고, 생후 6개월이 되어야 한다는 말도 있어요. 언제 시작하는 게 아기에게 가장 도움이 될까요?"

엄마들이 참 자주 묻는 질문입니다. 35년 전, 제가 아기를 키울 때만 해도 생후 3개월이 지나면 이유식을 시작하는 것이 일반적이었습니다. 저도 그랬습니다. 배를 갈아 만든 즙을 조심스럽게 숟가락에 떠서 아들 입에 넣어 주었던 기억이 아직도 생생합니다.

그 시절의 이유식은 지금처럼 과학적 연구를 바탕으로 하기보다 아기가 '배고프지 않게', '잘 먹어야 잘 큰다'라는 실용적 목적으로 가능한 한 많이 먹이는 것이 돌봄의 정답처럼 여겨졌습니다. 아기가 스스로 음식을 만지는 건 지저분하다고 여겼고, 심지어 어떤 부모는 '버릇 나빠진다'면서 아기의 손을 제지하기도 했습니다. 음식을 만지고 탐색하는 것은 놀이나 학습이 아닌 통제해야 할 행동으로 간주됐습니다. 아기의 주도성보다는 보호자의 통제가 중심이었고, 발달의 흐름보다는 생존과 배불림에 초점이 맞춰져 있던 시대였습니다.

이유식을 시작하는 시기는 나라와 문화에 따라 조금씩 다릅니다. 한국은 1990년대에 들어 다양한 연구들이 발표되면서 생후 6개월이 이유식을 시작하기에 가장 적절한 시기라는 근거가 마련되었습니다. 이후 분유 수유 아기는 생후 4개월(120일) 이후, 모유 수유 아기는 생후 6개월(180일) 이후에 이유식을 시작하는 것으로 변화하기 시작했습니다.

그러다가 2001년 5월에 열린 제54차 세계보건총회에서 이 기준이 국제적으로 확립되었고, 지금은 모유나 분유 수유하는 아기 모두 신체적·발달심리학적 측면뿐만 아니라 영양학적 측면까지 고려하여 생후 6개월경(180일 전후) 이유식을 시작하는 것이 가장 바람직하다는 것으로 세계보건기구WHO를 비롯한 많은 전문가들이 의견을 모으고 있습니다.

이유식을 생후 6개월에 시작하라고 권장하는 이유는 아기의 몸과 마음이 동시에 준비되는 시점이기 때문입니다. 우선 생리적으로 생후 6개월이 되어야 아기의 위장이 충분히 성숙해 외부 음식에 포함된 알레르기 유발 물질이나 병원체에 대한 방어력이 생기기 시작합니다. 이 시기부터 소화 효소가 활성화되어 탄수화물과 지방을 분해하고 흡수하는 능력이 향상되고, 면역 체계 역시 서서히 독립적인 활동을 시작합니다.

발달적으로도 생후 6개월 무렵이 되어야 아기가 머리를 가누고, 앉은 자세를 유지하며, 혀 내밀기 반사가 줄어들어 음식을 삼키는 데 필요한 기본적인 신체 조건이 갖추어집니다. 또한 구강 감각이 민감해지면서 음식을 입안에서 굴려 삼키는 능력이 발달합니다. 손으로 음식을 잡고 입으로 가져가는 눈-손-입 협응력도 좋아져 스스로 음식을 탐색하고 먹으려는 자율적인 행동도 활발해집니다. 이는 단순한 본능이 아닌 스스로 세계를 탐색하려는 초기 자율성의 표현입니다.

심리적으로 이유식은 아기와 부모 사이의 상호작용이 확장되는 계기가 됩니다. 먹는 행위는 이제 생존의 도구를 넘어서 부모와 아기가 눈을 맞추고, 감정을 교류하고, 함께 즐거움을 나누는 정서적 경험으로 전환됩니다. 이 시기에 부모가 아기의 표현을 민감하게 읽고 존중해 주면 아기는 타인에 대한 신뢰와 자신에 대한 신뢰 그리고 자기 결정감을 키우게 됩니다. 거절, 탐색, 흥미를 포함한 다양한 반응은 모두 아기가 관계 안에서 자신의 존재를 드러내는 소중한 신호이기도 합니다.

마지막으로 영양적 측면에서도 생후 6개월은 중요한 분기점입니다. 이 시기부터는 모유나 분유만으로 섭취가 부족한 철분과 아연 같은 미량 영양소를 이유식을 통해 보충해야 합니다. 특히 철분 결핍은 아기의 인지 발달과 정서 조절에 장기적인 영향을 줄 수 있기 때문에 주의가 필요합니다.

결국 이유식은 단순히 '먹는' 시기가 아니라 아기의 몸과 마음이 세상과 연결되는 방식을 '배우는' 시기입니다. 생후 6개월은 그 전환을 가장 안전하고 의미 있게 시작할 수 있는 가장 적절한 시기라고 할 수 있습니다.

이유식을 먹기 전에
해야 할 일

"아기들은 음식을 먹기 전에 음식 입는 법을 배워야 합니다."

Babies need to learn to wear their food before they learn to eat it.

2025년 3월, 제가 호주 육아지원기관 트레실리안Tresillian 을 방문했을 때 눈에 들어온 문장입니다. 이 짧은 문장을 보는 순간 마음이 따뜻해졌습니다. 이유식을 처음 접하는 아기가 온몸으로 음식을 느끼고 경험하는 모습을 이보다 더 정확하고 아름답게 표현할 수 없으니까요. 아기가 음식을 먹기 전에 손과 얼굴, 옷과 피부에 바르고 흘리는 시간이 먼저 필요하다는 메시지를 온전히 말해 주고 있었습니다. 이 따뜻한 메시지가 이제 막 이유식을 시작하거나 이유식 중인 엄마들에게 전해졌으면 좋겠습니다.

이유식을 하면서 지저분해진 식탁과 바닥을 보며 힘들고 지칠 때 이 문장을 한번 떠올려 보세요. 이유식 시간은 아기가 세상을 온몸으로 만나며 성장하는 기회이고, 부모가 아기의 작은 탐험을 미소로 기다려 주는 소중한 순간이라는 사실만 기억해도 이유식을 시작하는 태도가 달라질 겁니다.

아기에게 음식을 소개하기

저는 이유식을 '아기와 음식의 소개팅'이라고 표현합니다. 소개팅이란 서로 처음 보는 두 사람이 만나 조금씩 알아 가는 과정입니다. 서로 어색하기도 하고 때론 기대했던 것과 다른 느낌이 들 수도 있습니다. 천천히 대화를 나누면서 서로에 대한 관심과 호감을 키워 나가듯 이유식 역시 아기가 음식을 천천히 알아 가는 시간이 되어야 합니다.

첫 만남에서 상대가 갑자기 너무 가까이 다가오거나 마음의 준비가 안 된 상태에서 무언가를 무리하게 요구하면 부담스럽고 불편하게 느껴지듯이, 아기 역시 처음 만나는 음식을 서둘러 먹으라고 강요받으면 불안과 거부감을 느낍니다. 그러므로 아기가 음식을 바라보고, 냄새 맡고, 손으로 만져 보면서 음식을 자연스럽게 탐색할 수 있는 시간을 충분히 주는 것이 중요합니다.

부모는 이 첫 만남의 자리를 자연스럽게 강요 없이 아기의 호기심을 자극할 수 있도록 조율해 주는 역할을 하면 됩니다. 좋은 소개팅 자리처럼 분위기를 편안하게 만들어 주고, 너무 큰 기대나 압박 없이 음식을 천천히 알아 가도록 기다려 주는 것입니다. 처음 소개팅에서 상대의 모든 것을 한 번에 알 수 없듯, 음식 역시 여러 번 천천히 만지고 냄새를 맡다 보면 아기는 어느 순간 음식의 진정한 맛과 매력을 발견하게 될 것입니다. 때로는 오랜 만남 끝에 비로소 음식과 친해질 수도 있겠지요.

부모는 인내심을 갖고 여러 번 음식을 소개하고 아기가 음식을 받아들일 준비가 될 때까지 한걸음 물러서서 기다려 주세요. 아기가 음식을 잘 먹지 않거나 거부하더라도 성급하게 실망하거나 초조해하지 않아야 합니다.

"안 먹어도 괜찮아, 편하게 탐색해 봐."

음식을 소개하면서 아기가 식사는 따뜻하고 즐거운 경험이라

는 느낌을 가질 수 있는 환경을 마련해 주세요. 사람은 어떤 행동을 하기 전에 스스로 그 행동을 하고 싶다는 내면의 이유인 '동기'가 생겨야 합니다. 타인이 시키거나 알려 주는 것만으로는 행동을 지속하기 어렵고 오히려 거부감만 생길 수 있습니다. 그래서 아기든 부모든 마음속에 '왜'라는 물음에 대한 답이 생기도록 동기를 이끌어 주는 관계가 중요합니다.

부모의 역할은 아기가 음식이 먹고 싶어지도록 내적 동기를 가질 수 있는 환경을 조성해 주면 됩니다. 식탁에 음식을 차려놓고 부모가 맛있게 먹는 모습을 자연스럽게 보여 주는 것도 좋습니다. 아기는 관찰과 모방을 통해 가장 잘 배우니까요.

이렇게 이유식을 소개팅처럼 천천히, 부드럽게, 기다려 주는 마음으로 시작한다면 아기는 음식을 통해 세상을 더욱 편안하고 즐겁게 만나게 될 겁니다.

음식을 탐색할 시간 주기

이유식이란 먹는 행위 이상으로 아기가 오감과 온몸으로 세상과 교감하고 탐구하는 중요한 성장의 과정입니다. 아기는 음식을 온몸에 묻히고 흘리면서 음식의 촉감과 온도, 형태, 향기와 맛을 스스로 탐색하고 이해합니다. 이 과정에서 자신의 오감을 깨우고 음식이라는 존재를 더욱 친밀하게 받아들이게 됩니다.

처음 이유식을 시작할 때는 아기의 시선을 따라가며 천천히 관찰하는 것부터 시작해 보세요. 지금 어디를 바라보고 있는지, 음식에 관심을 두고 눈길을 주는지, 손을 뻗어 음식을 만져 보고 싶어 하는지, 입을 벌리고 몸을 앞으로 기울이며 다가가는지 찬찬히 살펴봐 주세요.

아기의 행동과 표정은 아주 작은 신호지만 부모가 기다리고 존중할 때 명확한 소통이 됩니다. 반대로 부모가 빨리 먹이고 싶어서 아기는 아직 준비가 되기도 전에 숟가락으로 아기의 입술을 톡톡 두드리거나 아기가 다른 곳을 바라보고 있을 때 갑자기 음식을 입에 넣으면 아기는 불편하고 불안할 수 있습니다. 음식을 받아들이고 먹을 준비가 되어 있는지 결정하는 건 아기의 몫이에요. 부모는 편안한 마음으로 아기의 작은 움직임과 관심을 관찰하면서 아기가 준비되었을 때 스스로 입을 벌리고 다가올 수 있도록 지켜봐 줘야 합니다.

음식을 처음 접하는 과정에서 실패하거나 잘 먹지 못하는 것은 자연스러운 일입니다. 아기의 서툰 시도 역시 매우 귀중한 배움의 기회입니다. 아기는 실패를 통해 무엇을 좋아하고 싫어하는지 배우며 스스로 선택하고 결정하는 능력을 키웁니다. 또한 먹는 과정에서 감정이 상하지 않아야 흥미와 재미를 경험할 수 있습니다.

아기는 신맛과 단맛, 따뜻한 음식과 차가운 음식 등 고유의 맛을 느끼고 구별할 때 감정과 상황도 기억하게 됩니다.

아기가 음식을 여기저기 잔뜩 묻히며 먹을 때 아기가 음식과 세상을 진심으로 만나고 소통하는 귀중한 과정을 이해하고 지지해 주세요.

"스스로 먹으려고 많이 노력했구나!"
"아직은 서툴러서 얼굴에 자꾸 묻지? 처음엔 그럴 수 있어."

SOS! 소장님 도와주세요

아기의 탐색 본능을
지켜주는 방법

엄마의 따뜻한 품에 안겨서 젖을 빨며 삶을 즐기던 아기는 생후 5개월이 넘어서면서부터 시야에 조금씩 엄마 외에 다른 세상이 들어오기 시작합니다. 아기의 관심사가 외부 세상으로 확장되는 것입니다. 그러나 아직은 사물이 궁금할 뿐입니다. 엄마를 졸라 사물에 다가갈 수 있지만 '내 마음대로 내 발로' 움직이는 것 만큼 만족스럽지는 않습니다. 지금은 엄마 품에 안겨서 보는 것에 만족해야 하는 때입니다.

'다음에 혼자 갈 수 있을 때 저기에 가봐야지!
저기에도, 저기에도 갈 거야!'

드디어 걸을 수 있는 때가 왔습니다. 이제는 엄마가 아니라도 내 발로 직접 걸어가서 보고 만지고 냄새를 맡을 수도, 흔들어서 소리를 들어 보고 입으로 맛볼 수도 있습니다. 누워서 볼 때 궁금했던 것들을 오감을 활용해서 확인합니다.

'이건 너무 딱딱해. 먹는 게 아니구나!'
'이건 맛있네? 우아~ 이건 무슨 냄새야?'

아기는 직접 걸어가서 만지고 볼 수 있다는 것 자체가 너무너무 신나고 기분 좋습니다. 엄마가 없어도 내가 직접 했다는 성취감을 만끽하면서 궁금했던 많은 것들이 있는 곳으로 걷고 뛰면서 바쁘게 돌아다닙니다.

'내가 했어! 내가 할 거야! 나도 할 수 있어!'

신나게 집 안을 온통 헤집고 돌아다닙니다. 이런 상황을 탐색이라고 합니다. "아뿔싸, 안 돼!" 엄마의 급정지 소리에 신나게 돌아다니던 아기는 흠칫 걸음을 멈춥니다. '뭐지?' 하고 돌아보는 순간 엄마의 굳어진 표정이 아기를 멈칫하게 만듭니다. 엄마는 "하지 말랬지! 더 하면 혼난다. 가만히 좀 있어. 정신없어!"라고 단호한 눈빛으로 말합니다. 한참 기분 좋게 집 안을 탐색하던 아기는 주춤거리며 엄마의 표정을 살핍니다.
아기는 갑자기 걸음을 멈추더니 얼굴을 찡그리고 몸에 힘을 꽉 주며 울음을 터뜨립니다. 또는 엄마에게 달려가 안기며 감정을 쏟아 내기도 합니다. 반짝거리던 눈빛은 서서히 긴장으로 바뀌고 자신감에 넘치던 표정은 혼란과 서운함으로 물듭니다. 조금 전까지만 해도 세상이 너무나 재미있었는데 걷기보다 걷고 싶은 마음을 멈춰야 하는 상황 자체가 아기를 더 힘들게 만듭니다.

'이건 하면 안되는 거구나.'

탐색 활동이 반복적으로 제지당하면 아기는 해도 되는 것만 조심스럽게 하게 되고 하지 말라고 했던 것은 더 이상 시도하지 않으려 합니다. 새로운 것을 만져 보고, 움직여 보고, 시도해 보려는 내면에서 생긴 호기심과 탐색 욕구가 점점 작아질 수 있습니다. 물론 엄마는 아기의 안전을 생각해서 위험한 행동을 멈추게 하는 것이지만 이런 제지가 너무 잦거나 긴장된 표정과 말투로 반복되면 아기는 '하고 싶은 마음'을 품기도 전에 '하면 안 되는 거구나' 하고 스스로 단속하게 됩니다.

왜일까요? 아기에게 엄마의 굳은 표정과 단호한 목소리는 낯설고 두려운 자극이기 때문입니다. 아기에게는 그 순간이 '훈육'이 아니라 정서적으로 겁나고 마음이 얼어붙는 경험이 될 수 있습니다. 그러므로 부모는 '안 된다'는 것을 가르쳐야 하는 상황인지, 성급하게 제지한 상황은 아닌지 잘 구분해야 합니다.

> '엄마 없이 혼자서도 할 수 있어.
> 이것 봐, 나 봤지?
> 나 봤어?
> 나 좀 봐, 엄마!'

아기가 씩씩하게 걷고 뛰며 에너지를 온몸으로 표현할 때 부모가 바라봐 줘야 아기는 성취감을 느낍니다. 아기의 성취감을 함께 기뻐해 주세요. 물론 걸음마 시기 아기는 위험을 예측할 수 없습니다. 그러므로 안전한 환경을 마련해 놓고 그 안에서 마음껏 걷고 뛰면서 탐색할 수 있는 자유를 제공해야 합니다. 이것이 아기의 자율성을 결정합니다. 걷기를 통해서 아기가 경험하는 세상에는 엄마 품에만 있을 때와는 비교할 수 없는 성장이 숨어 있습니다.

그렇다고 아기의 탐색을 무조건 허용해야 한다는 뜻은 아닙니다. 아기가 세상을 만나기 위해 걸어나갈 때 '마음껏 할 수 있는 자유로운 공간'과 '멈춰야 할 때를 배울 수 있는 따뜻한 경계'가 함께 존재해야 합니다. 위험하거나 타인에게 해가 되는 행동은 단호하되 존중하는 말투로 '안 되는 이유'를 알려 주고 멈추게 해야 합니다. 이때 중요한 것은 아기가 무서워서 멈추는 것이 아니라 부모가 '왜 멈춰야 하는지'를 알려 주고 다시 안전하게 탐색할 수 있도록 도와주는 경험을 갖게 하는 것입니다.

"여기는 위험해서 안 돼. 자, 여기서 해보자!"
"소중한 물건이니까 만지지 말자. 대신 이걸 만져 볼까?"

이처럼 안 되는 것과 가능한 것을 동시에 알려 주는 방식은 아기에게 신뢰와 예측 가능한 세계를 만들어 줍니다. 이것이 바로 아기가 마음껏 세상을 탐색하면서도 타인과 함께 살아가기 위한 질서와 조화를 배우는 첫 걸음입니다.

스스로 잘 먹는 자기 주도성 기르기

"아기가 스스로 먹으면 제대로 못 먹더라고요. 제가 떠먹여 줘야 잘 먹어요."

무엇 때문에 부모는 아기의 의도와 무관하게 나서서 먹이게 되는 걸까요? 충분히 먹지 않으면 성장이 느려지고 키가 안 클까 봐, 아기 혼자 먹도록 두면 편식이 심해질까 봐 같은 걱정 때문일 겁니다. 하지만 부모의 걱정은 아기가 스스로 먹을 기회를 갖기 어렵게 만듭니다.

이유식은 아기가 수유 이후 자신이 무엇을 좋아하고 싫어하는지 조금 더 선명하게 표현할 수 있는 자기 주도성을 키우는 시기입니다. 부모로서 진정으로 중요한 역할은 아기가 스스로 먹는 연습을 통해 자신의 생각과 행동을 결정할 수 있도록 돕는 것입니다.

이유식을 통한 내적 통제감 형성

이유식 초기에는 아기가 먹는 양이 아주 적습니다. 이 시기에는 얼마나 먹는지 보다 음식의 다양한 맛과 질감을 스스로 탐색하며 먹는 것이 더 중요합니다. 그런데 실제 식당에서 아기들을 보면 스마트폰이나 태블릿 화면에 시선을 고정한 채로 부모가 음식을 대신 떠먹여 주곤 합니다. 이런 상황에서 아기는 단지 입을 벌려 부모가 먹여 주는 대로 음식을 삼킬뿐 스스로 무엇을 먹는지, 어떤 맛인지, 좋아하거나 싫어하는지를 충분히 경험하지 못할 수 있습니다.

부모는 먹여 주는 방법이 잘 먹는 방식이라고 생각할 수 있지만 아기는 음식을 먹으며 느껴야 할 자기 주도적인 경험과 통제감을 느끼지 못하게 됩니다. 통제감은 사람이 살아가는 데 매우 중요한 감각으로 이유식 경험에서 형성됩니다. 이 시기에 아기가 스스로 조절하고 선택하는 경험이 충분하지 못하면 이후 성장 과정에서 자기 통제력 발달에 영향을 줄 수 있습니다.

통제감에는 '내적 통제감'과 '외적 통제감'이 있습니다. 내적 통제감은 아기가 자신의 삶을 능동적으로 선택하고 결정할 수 있는 힘을 말합니다. 외부의 지시나 타인의 기대가 아니라 스스로 옳다고 믿는 기준과 진정으로 원하는 것 사이에서 균형 잡힌 결정을 내릴 수 있는 능력을 뜻합니다.

'사탕 먹고 싶지만 몸에 해로우니까 참자.'
'놀고 싶지만 숙제를 먼저 해야지!'

게임을 더 하고 싶지만 엄마와 약속한 시간에만 하는 것, 친구랑 싸워서 기분이 나쁘지만 먼저 미안하다고 말하는 것, 성인이 되어서는 술이나 오락을 적당히 즐기며 자기 삶이 풍성해지도록 조절하는 행동 모두 내적 통제감이 강한 사람에게서 나타납니다.

반대로 외적 통제감은 자신이 아닌 다른 사람이나 상황에 의해 자신의 삶이 결정된다고 생각하는 성향입니다. 아기가 먹을 양과 음식을 부모가 완벽히 통제하면 아기는 자신의 선택이 중요하지 않다고 느끼게 되어 외적 통제감이 발달할 수 있습니다. 외적 통제감이 강한 사람은 성인이 된 후에도 자신의 삶이 외부 환경이나 타인에 의해 좌우된다고 느끼기 때문에 스스로 결정을 내리기 어려워하고 자신감이 부족합니다. 또한 스트레스 상황에서 더욱 취약해져 쉽게 불안이나 우울증 같은 심리적 문제를 겪을 수 있습니다. 직장 생활이나 인간관계에서도 수동적으로 행동하거나 자기주장을 잘 하지 못할 가능성이 높아집니다.

이처럼 초기 이유식 시기에 스스로 숟가락을 잡고, 음식을 만져 보는 등 탐색하며 먹어 본 아기는 이후 이유식 양이 늘어나는 중기나 후기에도 텔레비전이나 유튜브 영상의 자극 없이도 음식 자체에 흥미를 느끼며 잘 먹게 됩니다. 스스로 조절하고 선택했던 초기의 경험이 나중의 식습관과 자기 조절 능력에 긍정적인 영향을 미치는 것이지요.

내가 안 먹여도 괜찮을까?
불안감 내려놓기

부모들에게 "스스로 잘 먹는 아기로 키우려면 아기의 내적 통제감을 키워줘야 합니다."라고 말하면 다들 고개를 끄덕이며 동의합니다. 그런데 아기의 내적 통제감을 끌어내는 방식이 부모에게는 왜 이리 힘들게 느껴질까요? 아마도 숟가락을 제대로 들지 못하는 아기에게 음식을 스스로 먹도록 맡겨 본 적이 없고, 주변에서 그런 방식으로 아기를 키우는 모습을 본 적이 없기 때문일 겁니다. 이유식을 하는 과정이 아기에게 내적 통제감을 만들어 주는 중요한 경험이라는 사실을 쉽게 연결 하지 못하는 것이지요.

얼마나 먹을지 예측 불가한 상태에서 부모는 불안감을 느낄 수 있습니다. 아기의 능력을 신뢰하기보다는 '먹는 양이 적으면 어떻게 하지?'라는 의심이 먼저 드는 게 당연합니다. 이런 상황에서 이유식의 주도권을 아기에게 맡긴다는 것은 부모에게 너무나 어려운 일입니다.

양육하는 과정에서 아기가 아플 때, 잠을 자야 하는데 쉽게 잠들지 못하고 잠투정할 때, 잘 먹지 못할 때 등 부모가 딱히 해줄 수 있는 일이 없어 통제감을 잃었을 때 가장 큰 스트레스를 받습니다. 이때 불안감을 내려놓는 네 가지 행동 방침이 있습니다.

① 숟가락을 곧바로 아기 입에 넣지 말기

아기는 아직 숟가락이 무엇인지, 어떤 방법으로 음식을 먹는 도구인지 경험을 통해 배워 가는 중입니다. 그러므로 숟가락을 입에 넣기보다는 엄마가 음식을 담아 가만히 들고 기다려 보세요. 아기는 어느 순간 숟가락이 먹는 도구라는 걸 이해하고 입을 벌려 받아먹거나 손을 뻗어 직접 숟가락을 가져갈 수 있습니다. 그때의 행동은 단순한 섭취가 아니라 아기가 도구의 기능을 익히고 조작하는 방법을 배우는 시간입니다. 부모는 배움의 기회를 기다리면서 도와주는 존재가 되어야 합니다.

② 엉망이 된 자리를 치우고 아기를 씻기는 일을 기꺼이 감당하기

음식을 손으로 집고, 으깨고, 던지는 모든 행위는 장난이 아니라 아기의 오감과 뇌가 협업하며 세상을 경험하는 방식입니다. 흘리고, 묻히고, 어지럽히는 그 순간이 부모에게는 번거로움일 수 있지만 아기에게는 자율성과 창조성의 현장입니다. 그 과정에서 기꺼이 치우고 씻겨 주는 일은 정리가 아닙니다. 아기의 표현을 있는 그대로 받아들이고 수용하며 관계로 감싸 주는 따뜻한 품이므로 사랑의 수고를 기꺼이 감당해 주세요.

③ 아기와 함께 식사하기

아기는 음식을 눈으로 먼저 먹습니다. 엄마가 숟가락을 드는 모습, 씹는 소리, 표정, 먹는 리듬 등 모든 것이 아기에게는 모방의 교과서가 됩니다. 아기는 부모의 얼굴을 보며 '식사는 이런 거구나', '식사는 두려운 게 아니라 즐거운 시간이구나', '식사는 나 혼자 하는 게 아니라 함께 하는 일이구나'라는 무언의 메시지를 받게 됩니다. 아기와 식사를 같이 한다는 것은 가족의 일원으로 초대하는 상징적인 행위입니다. 함께 먹는 식탁에서 아기는 관계를 경험하고 자신이 존중받고 있다는 감각을 느낍니다. 그러므로 부모는 '네가 배울 수 있도록 내가 먼저 잘 먹을게', '우리 가족은 평안하고 서로를 존중한다. 식사하는 이곳은 매우 안전하단다'라는 마음으로 함께 식사해 주세요.

④ 이유식의 본질은 아기가 서툴더라도 스스로 먹는 것

스스로 손을 뻗고, 움켜쥐고, 떨어뜨리고, 다시 집어 입에 넣는 그 모든 순간은 신체와 뇌, 감각과 감정이 조화를 이루는 자기 성장의 실제적인 현장입니다. 이유식 시간은 아기가 삶에 주도적으로 참여하는 훈련이자 부모가 주도성을 온전히 믿고 지켜보는 신뢰의 훈련이라고 생각해 주세요.

부모가 숟가락을 들고 먹이는 대신 아기가 스스로 음식을 탐색하고 자기만의 방법을 찾을 수 있도록 기다리고 지켜봐 주세요. 먹는 속도, 양, 시간을 통제하기보다 아기의 리듬을 존중하면 아기에게 내적 통제감과 자율성의 기반이 만들어집니다. 비록 서툴고 어지럽고 부족해 보여도 그 과정에서 아기의 내면은 조용히 그리고 분명하게 성장하고 있습니다. 아기가 완벽하게 잘 먹지 못하는 그 순간의 떨림을 경험해 보면 어떨까요?

이유식 초기

만지고, 맛보고, 냄새 맡으며 탐색하는 시기

"어린 시절에는 보고 생각하고 느끼는 자기만의 방식이 있다. 아기의 방식을 어른의 방식으로 바꾸려는 노력보다 더 어리석은 일은 없다."

프랑스 철학자 장 자크 루소Jean-Jacques Rousseau의 말처럼 이유식을 시작하는 아기에게도 자신만의 방식이 있습니다. 아기는 태어나서 처음 만나는 새로운 음식의 색깔, 냄새, 촉감, 맛을 저마다의 독특한 방식으로 탐색합니다. 아기에게 이유식은 놀이의 형태인 것이지요. 반면 부모가 기대하는 것은 아기가 이유식에 흥미를 느끼고 잘 먹는 모습이지만 현실에서는 전혀 다르게 흘러갈 수 있습니다.

　부모가 초기 이유식을 놀이처럼 생각해야 하는 이유는 아기에게 음식은 단순히 영양을 섭취하는 수단을 넘어서 새로운 세상을 탐험하고 경험하는 중요한 기회이기 때문입니다. 아기는 본래 놀이를 통해 세상을 배우고 성장합니다. 특히 이유식이라는 활동은 아기의 오감을 동시에 자극하는 매우 창의적이고 즐거운 놀이 시간입니다.

이게 뭐지? 어떤 맛일까?
탐색 놀이의 중요성

　아기가 이유식을 처음 만날 때 음식은 촉감, 시각, 미각, 후각을 모두 자극하는 매력적인 탐험 대상입니다. 음식을 먹지 않고 빤히 바라보기만 할 때도 있고 무작정 손을 뻗어서 만져 보기도 합니다. 손에 느껴지는 부드러움과 미끌미끌한 감촉이 재미있어서 이리저리 조물거리거나 으깨 보기도 하지요. 음식을 살짝 코에 가까이 가져와 냄새를 맡아 보기도 합니다. 어떤 음식은 달콤한 향이 나고 또 어떤 음식은 조금 낯선 냄새가 나는 걸 느낄 수 있을 거예요.

드디어 손에 움켜쥔 음식을 조심스레 입으로 가져가 봅니다. 혀끝에 닿는 맛이 신기합니다. 달기도 하고 조금 신맛이 나기도 하고, 때로는 쓴맛이 느껴져 놀라기도 합니다. 음식을 다시 입 밖으로 뱉어 내 손으로 만지고 살펴봅니다. 음식이 따뜻하거나 차갑다는 것도 탐색을 반복하면서 알게 되지요.

'이건 어떻게 생긴 거지?'
'이 냄새는 뭐야? 왜 따뜻하지?'
'입에 넣었더니 부드럽네!'

세상에 대해 수많은 질문을 던지고 스스로 답을 찾아 나가는 과정입니다. 이렇게 끊임없이 탐색하고 경험하면서 아기의 두뇌는 바쁘게 움직입니다. 음식을 잡으려고 손을 움직이는 동안 근육의 조절력이 발달하고 손에서 입으로 옮기는 과정에서 눈과 손의 협응력도 발달합니다. 이 모든 과정이 아기에게는 신나는 놀이이자 중요한 학습 활동입니다.

놀이가 아기의 성장과 발달에 중요한 이유는 단순히 신체적인 기술만 키우는 것이 아니라 지능과 정서적인 능력까지도 발달시키는 자연스럽고 효과적인 방법이기 때문입니다. 아기는 놀이를 통해 문제를 해결하고, 스스로 결정하고 실험하면서 실패와 성공을 반복하며 자신감을 키웁니다. 이유식을 놀이처럼 접근하면 아기는 음식과 먹는 행위 자체를 흥미롭고 긍정적인 경험으로 기억하게 됩니다.

이때 부모는 아기 곁에서 가르치거나 급하게 개입하려는 마음을 내려놓고 따뜻한 미소로 가만히 지켜봐 주세요. 그러면 아기는 안심하고 자신만의 방법으로 세상을 만나는 법을 배웁니다. 자기 손으로 세상을 만지고 느끼고 탐구하며 가족과 세상 속에서 적응하는 법을 깨닫는 아주 특별한 경험하게 되는 것이지요.

토핑 이유식 vs 원물 이유식

아기가 이유식으로 감각적 경험을 할 때 어떤 음식을 주는 게 좋을까요? 이유식은 단지 영양만 채우는 것이 아니라 아기가 앞으로 좋아하는 음식을 스스로 고를 수 있는 능력을 키우는 기회이기에 음식의 종류와 주는 방법도 중요합니다.

드라마 〈대장금〉에서 어린 장금이가 궁에 처음 들어가서 음식을 먹어 보고 그 음식에 무엇이 들어 있는지 대답하는 장면이 있습니다. 다른 아이들은 음식의 단맛을 느끼고 단순히 설탕이 들어갔다고 말하지만 장금이는 설탕이 아니라 홍시에서 나온 맛이라는 걸 정확히 맞힙니다. 이를 본 수라간 상궁은 놀라고 감탄하며 장금이의 특별한 미각을 칭찬하지요. 이 장면은 이유식 초기 단계에서 원물을 주는 것이 왜 중요한지를 잘 보여 줍니다.

과거에는 이유식을 만들 때 여러 재료를 믹서기에 넣고 한꺼번에 갈아 주는 방식이 일반적이었습니다. 그러나 이 방식은 아기가 전체적인 맛만 경험할 뿐 각각의 재료가 어떤 맛인지, 어떤 질감인지 구별하기 어렵다는 한계가 있었습니다. 그 대안으로 등장한 것이 토핑 이유식입니다.

토핑 이유식은 당근, 브로콜리, 호박 등을 각각 갈아서 보관했다가 아기에게 먹일 때 하나씩 꺼내 주는 방식입니다. 그러면 아기가 재료 하나하나의 맛과 향을 좀 더 뚜렷하게 느낄 수 있어 좋습니다. 그런데 이 방식도 부모는 어떤 음식인지 구분이 되지만 아기는 형태가 없어서 음식 본래의 생생한 느낌을 경험하는 데 한계가 있습니다.

가장 좋은 방법은 가능한 한 원물 그대로 주어 아기가 스스로 음식을 잡고 먹는 방식인 자기 주도 이유식입니다. 이유식을 처음 시작할 때는 미음과 원물을 함께 주어 아기가 음식을 손으로 만져 보고, 냄새도 맡고, 입으로 맛보는 경험을 제공합니다. 각 재료를 따로 경험한 아기는 그 미묘한 차이를 구분할 수 있게 됩니다. 마치 장금이처럼 재료의 고유한 맛과 향을 섬세하게 느끼고 자신이 무엇을 먹고 있는지 정확히 알 수 있게 됩니다.

원물 이유식을 권장하는 이유

원물을 활용한 자기 주도 이유식의 핵심은 엄마가 숟가락으로 이유식을 먹여 주는 대신 아기가 원하는 음식을 손으로 직접 잡고 자기 속도와 방식대로 먹는 것입니다. 음식의 본질과 특성을 제대로 경험한 아기는 어떤 음식이 자신에게 잘 맞고, 어떤 음식은 매력적이지만 자신에게 도움이 안 되는지 본인의 감각으로 인지하고 배워 나갑니다. 사람들이 각기 다른 지문을 가지고 있듯이 엄마가 제공해 주는 음식을 통해 아기는 자신의 선호도를 바탕으로 자신만의 식습관을 형성해 가는 것이지요.

이처럼 이유식은 아기가 식사를 즐겁고 긍정적인 경험으로 받아들이고 음식에 대한 주도권을 갖고 스스로 탐색하며 올바른 미각, 건강한 식습관을 기르는 중요한 밑거름이 됩니다. 이때 배운 자신감과 자율성을 바탕으로 앞으로 인생에서 무수한 선택을 할 때 스스로 결정하고 행동하는 자립심을 키워 갈 수 있습니다. 아기가 음식을 충분히 탐색하고 자유롭게 만지고 느끼는 과정을 경험하도록 기다려 주는 것이야말로 이유식이라는 새로운 세계를 만난 아기에게 부모가 줄 수 있는 가장 소중한 배려입니다.

이유식 초기

부모가 할 일

아기가 음식을 탐색하는 동안 부모는 무엇을 해야 할까요? 초기 이유식을 막 시작하는 단계에서 부모가 주의해야 할 점은 아기의 모든 감각이 부모의 움직임, 언어, 목소리에 민감하게 반응한다는 것입니다. 아기는 말의 의미를 완전히 이해하지 못해도 부모가 말하는 목소리 톤, 속도, 억양 그리고 몸짓을 통해 분위기를 정확히 느낍니다. 하지만 이 시기에 부모는 자신도 모르게 아기의 행동을 제지하는 몸짓과 언어로 반응하기 쉽습니다. 아기가 이유식 중기와 후기로 자연스럽게 넘어갈 수 있도록 부모의 행동을 점검해 보세요.

아기의 감각적 경험을 언어로 표현하기

초기 이유식부터 부모가 음식을 준비하는 모습을 아기에게 자연스럽게 보여 주는 것이 좋습니다. 식탁을 깨끗한 행주로 닦고 함께 손을 씻는 과정도 식사를 준비하는 중요한 과정 중 하나입니다. 이때 아기에게 "지금부터 맛있는 밥을 준비할 거야."라고 친절하게 언어로 표현해 주세요. 아기는 '이제 곧 밥을 먹겠구나!' 예측하면서 마음의 준비를 할 수 있습니다.

준비가 끝난 후에는 아기에게 음식을 보여 주며 어떤 음식인지 천천히 설명해 주세요. 부드러운 목소리와 밝은 표정, 천천히 움직이는 손짓으로 "이건 브로콜리야!"라고 이야기하면서 아기에게 편안하고 즐거운 분위기를 만들어 줍니다.

부모가 사용하는 단어 선정 또한 중요합니다. 지나치게 복잡하거나 빠르게 말하기보다는 짧고 명확한 표현을 반복적으로 사용하는 게 좋습니다.

"이건 부드러운 고구마야. 촉촉하지?"
"이건 끈적하다고 표현한단다."
"손가락 사이로 부서지는 느낌이 들지?"

아기의 감각적 경험을 언어로 표현해 주면 아기는 자신의 경험을 더욱 풍부하게 이해하게 됩니다. 이처럼 이유식을 놀이로 접근하면서 부모가 세심하게 몸짓과 언어, 분위기까지 신경 써 주는 태도는 단순히 식사 습관을 형성하는 것이 아니라 아기가 세상을 안전하고 긍정적으로 탐구하도록 돕는 토대를 만듭니다. 이런 따뜻한 경험이 축적될수록 아기는 음식을 사랑하고, 자신을 신뢰하며, 삶의 다양한 경험들을 자신 있게 마주할 수 있는 정서적 기반을 갖추게 됩니다.

아기의 이유식 탐색을 돕는 행동 5단계

1단계 아기가 음식을 보기만 하고 손을 쓰지 않는다면 부모가 미음을 조금 떠서 아기의 손끝에 묻혀 주세요. 음식을 직접 먹이기보다는 아기가 스스로 음식을 탐색하고 손으로 만지며 느껴 볼 기회를 주어야 하기 때문입니다. 숟가락에 마음을 담아 숟가락을 아기에게 주어도 좋습니다.

2단계 이유식을 숟가락으로 떠서 보여 주고 아기 입으로 가져다 주세요. 이때 부모는 아기 눈이 어디에 머무는지 봐야 합니다.

다른 곳에 흥미가 있다면 숟가락을 입에 넣지 말고 잠시 멈춰야 합니다. 아기 눈이 숟가락에 머문다면 입 앞에 숟가락을 대고 기다려 주세요. 아기가 숟가락의 기능을 이해하면 고개를 내밀면서 입을 벌려 숟가락을 물고 음식을 먹을 것입니다. 아기의 입술 주변을 톡톡 치면서 노크하거나 다른 곳을 볼 때 훅 집어넣지 않아야 합니다.

3단계 입은 벌리지 않지만 숟가락을 잡으려고 손을 뻗기도 합니다. 그러면 숟가락을 손에 쥐여 주세요. 숟가락을 거꾸로 잡을 수도 있고 손가락 두 개로만 불안하게 잡을 수도 있습니다. 이때 잡는 방법을 고쳐 주려 하지 말고 '그렇게 잡아도 괜찮아'라는 마음으로 지켜봐 주세요. 처음에는 아기의 손놀림이 미숙하고 불안해 보이지만 아기는 점차 숟가락과 손 전체를 자유롭게 움직이고 조절하는 법을 배우게 됩니다.

4단계 아기의 손놀림이 활발해지고 집중력이 높아지면 스스로 미음을 손으로 힘껏 움켜쥐고 다시 펴서 바닥에 떨어뜨리거나 미끄러뜨리며 촉감을 탐색합니다. 이 과정에서 손의 끈적한 느낌, 음식의 부드럽고 물컹한 질감을 직접 경험하며 신기함과 흥미로움을 느끼게 됩니다. 이때 부모가 "이건 미음이야. 부드럽지?"라고 아기의 감각적 경험을 언어로 차분하게 설명해 주세요. 아기의 행동을 인정하고 기다려 주는 태도는 아기가 음식 자체를 즐겁고 흥미로운 경험으로 받아들이도록 도와줍니다.

5단계 아기가 새로운 이유식을 거부하면 거부하는 대로 기다려 주세요. 저는 아직도 마라탕을 먹어 보지 못했습니다. 기름기와 빨간 국물이 맵고 느끼할 것 같아 선뜻 먹기 힘들더군요. 어른도 새로운 음식을 먹는 데 주저합니다. 아기도 처음 접하는 음식이 낯설고 어색하게 느껴질 수 있으니 익숙해질 시간을 주세요.

부모의 잘못된 행동과 말실수 3가지

① "이것 봐, 귀여운 강아지가 나오네?"

이유식 초기에 잘 먹이기 위해 흔히 사용하는 말입니다. 또는 장난감을 흔들거나 동영상을 보여 주는 것도 마찬가지입니다. 겉으로는 아기가 입을 벌리고 음식을 받아먹는 것처럼 보이지만 중요한 것이 빠져 있습니다. 아기의 의지와 감각이 작동하지 않는 식사라면 진정한 의미의 식사가 될 수 없습니다.

영상이나 장난감은 현실과는 다른 빠른 속도와 자극적인 움직임으로 인해 아기가 주의력을 음식이 아닌 외부 자극에 빼앗기게 만듭니다. 이로 인해 음식의 맛, 향, 온도, 질감, 모양을 섬세하게 탐색하고 경험할 기회가 사라집니다. 아기의 내면에서 일어나야 할 감각적 깨달음과 정서적 연결이 이루어지지 않기 때문입니다.

자극에 의존한 식사는 아기가 '먹었다'는 기억은 남지만 '무엇을 먹었는지, 맛이 어땠는지, 내 몸은 어떤 신호를 보냈는지'에 대한 감각적 기억은 남지 않습니다. 그 결과 아기는 점점 배고픔과 포만감이라는 몸의 신호를 인식하지 못하고, 배가 불러도 계속 먹거나 배가 고픈데도 아무것도 먹지 않는 신호 무시 현상으로 이어질 수 있습니다.

② "아휴, 또 손을 입에 넣네. 안 돼, 지지야!"

아기가 손을 입에 넣는 행동을 반복적으로 제지당하거나 "손은 더러운 거야, 입에 넣지 마!"라는 말을 자주 듣는다면 이유식을 앞에 두고도 손을 자유롭게 사용하기를 주저할 수 있습니다. 음식을 처음 접한 아기는 조심스럽게 바라보다가 손을 뻗어 입에 넣기도 합니다. 이런 행동을 불편하게 여긴 부모가 청결을 우선시하며 아기의 손을 닦고, 움직임을 막고, 음식이 묻는 것을 민감하게 반응한다면 아기는 자연스럽게 자신의 몸은 지저분하거나 문제를 일으키는 존재라고 여길 수 있습니다. 또한 몸의 감각을 자유롭게 느끼고 표현하는 것에 불안과 억제가 생기고, 몸에 대한 긍정적 이미지 형성에 어려움을 겪게 됩니다.

이유식 초기는 아기가 자기 몸을 긍정적으로 경험하고 세상과 연결되는 신체적 기쁨을 맛보는 시작점입니다. 청결은 물론 중요하지만 아기의 자유로운 감각 탐색과 신체 표현을 가로막는 기준이 되어선 안 됩니다.

③ "장난칠 거야? 제대로 먹어야지!"

아기는 이유식을 먹으며 작은 손가락으로 음식을 만지작거립니다. 손에 묻은 것을 바라보고, 입에 넣기도 하고, 다시 뱉어 보기도 하며, 바닥에 흘리기도 하지요. 아기의 뇌는 이 모든 과정이 그저 재미있고 신기하기만 합니다. 이 시기 아기의 먹는 행동은 단순히 섭취가 목적이 아니라 감각을 통한 세계 탐험입니다.

하지만 부모가 긴장감이 묻은 말투로 야단치거나 단호하고 불편한 표정을 지으면 아기는 멈칫하게 됩니다. 아기의 기쁨과 부모의 반응 사이에 차이가 있다는 것을 체감하는 순간입니다. 이때 아기의 뇌는 본능적으로 반응의 방향을 선택합니다. 대부분의 아기는 순순히 멈추기보다 오히려 더욱 적극적으로 반응하며 자기만의 방식으로 맞서기를 선택합니다. 이는 단순한 반항이 아니라 관계 안에서 자신의 존재와 의사를 표현하고자 하는 본능적인 시도입니다. 이때 부모가 짜증을 내거나 아기의 행동을 거절하고 통제하려 들면 아기의 내면에서는 먹는 행위와 '존재에 대한 불안'이 연결되는 경험이 생깁니다.

'나는 내가 원하는 방식으로 먹으면
사랑받지 못하는 걸까?'
'내가 좋아하는 것을 하면 엄마가 화를 내.
어떻게 해야 하지?'

이런 경험이 반복되면 먹는 행위는 더 이상 기쁨이나 생존의 수단이 아니라 위협과 통제의 상징이 될 수 있습니다. 결국 어떤 아기는 자라서도 먹는 행위를 통해 자신을 방어하거나, 삶을 거부하거나, 감정을 표현하는 수단으로 삼는 방식을 익히게 됩니다.

아기가 입을 굳게 다물고 고개를 돌려버리는 일, 엄마가 입에 떠넣어 준 이유식을 일부러 뱉거나 그릇을 밀어내는 일은 단순한 고집이 아닙니다. 이런 저항은 아기 입장에선 '나는 무력하게 끌려가지 않아. 나에게도 뜻이 있어'라는 메시지를 담은 행동입니다. 아기는 이렇게 자신의 의사를 표현하는 법을 배웁니다. 동시에 자신의 행동이 부모의 감정을 바꿀 수 있다는 사실과 관계에서의 영향력을 느끼기 시작합니다.

이런 행동은 결국 부모와의 관계에서 균형을 찾아가려는 아기의 적극적인 신호입니다. 싫어서가 아니라 자신의 존재감을 확인하고자 하는 감정적·발달적 요청인 것이지요. 부모가 아기의 저항을 계속해서 비난하고 억누르면 아기는 혼란을 겪게 됩니다.

'내 뜻을 표현하면 사랑을 잃을 수도 있다'는 이중적인 메시지 속에서 아기는 자기 감정을 숨기거나 왜곡된 방식으로 표현하는 습관을 형성하게 됩니다.

SOS! 소장님 도와주세요

빨대와 컵 중 무엇을
사용하는 게 좋을까?

젖병을 빠는 것과 달리 컵을 사용해서 물을 마시는 것은 입술을 닫고 삼키는 구체적인 동작을 필요로 합니다. 이 과정에서 아기는 구강 근육을 보다 정교하게 사용하게 되며 구강 운동 발달에 중요한 기초가 됩니다.

아기에게 이유식 초기부터 컵 사용을 연습시키면 입술을 다물고 컵에 밀착시키는 '근육 조절력', 혀를 아래로 내리고 뒤로 당기는 '위치 조정 능력', 턱을 부드럽게 들어 올리는 움직임, 볼 안쪽의 근 긴장 조절 기능이 함께 활성화됩니다. 실제로 미국 소아과학회AAP는 컵 사용이 아기의 구강 근육 발달과 호흡 및 삼킴의 협응 능력을 촉진한다고 밝혔습니다. 그렇다면 빨대컵과 일반 컵 중 무엇을 사용하는 것이 아기의 구강 발달에 더 도움이 될까요?

빨대컵은 흘림이나 사레를 줄일 수 있지만 장기적인 구강 및 치아 발달 측면에서는 일반 컵 사용을 더 권장합니다. 미국 치과협회ADA에서는 일반 컵이 빨대컵보다 입술과 혀의 협응력 발달에 더욱 긍정적이라고 강조합니다. 일반 컵을 사용하면 아기가 물을 마시면서 자연스럽게 호흡과 삼킴을 조절하는 기술을 더욱 효과적으로 배울 수 있습니다.

아기가 컵을 처음 사용할 때는 물을 쏟거나 사레가 걸리는 상황이 발생할 수 있지만 이는 호흡 조절 능력이 아직 발달하지 않아 미숙하기 때문입니다. 미국 언어청각협회ASHA에 따르면 이는 정상적인 발달 과정 중 하나이므로 이때 부모가 차분하고 긍정적으로 격려해 주는 것이 매우 중요합니다.

"처음이라 호흡 조절이 안 돼서 그런 거야!"
"처음에는 그럴 수 있어. 조금씩 연습하면 더 잘하게 될 거야."

이렇게 부모가 어떤 양육 철학을 가지고 접근하는지도 아기의 발달에 중요한 영향을 미칩니다. 단순히 기술을 익히게 하는 것을 넘어 아기의 시행착오를 자연스럽고 긍정적으로 받아들이며 지지하는 부모의 태도는 아기의 자신감과 독립성을 길러 주는 동시에 감각 운동 기술을 발달시켜 줍니다.

이유식 중기

내 손으로 입에 넣고 꼭꼭 씹어서 삼키는 시기

"아기가 생후 12개월이나 되었는데 왜 혼자 이유식을 먹지 못할까요?"

한 엄마가 저를 찾아왔습니다. 생후 10개월 된 친구 아기가 혼자 이유식을 먹는 모습을 보고 놀랐다면서요. 엄마와 저는 당근, 브로콜리, 쇠고기 완자, 아기가 좋아하는 두부와 달걀부침을 식탁 위에 차려 놓고 아기가 먹기를 기다렸습니다. 그러나 아기는 음식 한 번 보고 엄마 얼굴 한 번 보고, 할머니 얼굴 한 번 보고 음식 한 번 보고는 울음을 터뜨렸습니다. 손을 식탁 아래에 둔 채 음식을 집으려고 하지 않았습니다.

마음이 급해진 엄마는 아기 옆에서 열심히 "먹어 봐~ 냠냠, 우아 맛있다!" 하며 직접 먹는 시범을 보였습니다. 엄마가 힘들게 격려하고 있는데 옆에서 할머니가 "아기가 아직 스스로 먹을 줄 모르는데 왜 자꾸 혼자 먹으라고 하니?"라며 숟가락으로 이유식을 떠서 아기의 입에 넣어 주었습니다. 그제야 아기는 울음을 멈추고 한 그릇을 다 받아먹었습니다. 마치 '난 아직 혼자서 못 먹어요. 먹여 주세요.'라고 말하는 듯 편안한 표정을 지었습니다. 할머니는 "잘 먹는 아기한테 별짓을 다 한다."며 딸을 나무랐습니다.

생후 12개월이면 보완식이나 이유식에서 일반식으로 넘어가는 매우 중요한 시기입니다. 이때는 아기가 자신의 손이나 숟가락을 사용해서 스스로 먹기 시작합니다. 그런데 저를 찾아온 아기는 손을 식탁 아래에 두고 울기만 하면서 매우 수동적으로 이유식을 먹었습니다.

아기마다 이유식 단계와 먹는 방식은 다를 수 있습니다. 그렇더라도 생후 6개월부터 손으로 당근을 집어서 입에 넣고 오물오물할 수 있습니다. 그런데 이 아기는 생후 12개월이 지났음에도 혼자 음식을 먹지 않고 손을 가만히 내려놓은 채 울기만 합니다. 이 차이는 어디서 비롯된 것일까요?

"너 뭐 먹을래?"
아기가 선택하도록 질문하기

저는 이 상황을 지켜보면서 안타까움을 느꼈습니다. 생후 12개월 아기가 지금까지 혼자 음식을 먹어 볼 기회를 거의 얻지 못했다는 사실이 안타까웠습니다. 음식을 앞에 두고도 손을 움직이지 못한 채 수동적인 태도로 앉아 있는 모습은 지금까지 아기의 경험이 얼마나 제한적이었는지를 보여 줍니다.

부모가 아기에게 '무엇을 먹일지' 결정해 왔다면 아기는 자기가 무엇을 먹고 싶은지 모를 수 있습니다. 부모는 아기가 음식을 선택하도록 기회를 주되 건강한 음식을 선택하도록 안내하는 역할을 해야 합니다. 물론 아기가 거부하는 음식을 먹이기 위해선 반복적인 노력이 필요합니다. 특히 채소처럼 쓴맛이 나는 음식은 아기 뇌에서 '상한 음식'으로 인식돼 본능적으로 거부하기 쉽습니다. 억지로 입에 넣으면 토하거나 구역질을 하기도 하지요. 그래서 부모는 '안 먹어도 괜찮아'라는 마음으로 음식을 보여 주며 익숙해질 시간을 줘야 합니다.

아기가 직접 고를 수 있도록 선택권을 주는 것은 중요하지만 만약 초콜릿이나 케이크처럼 건강에 좋지 않은 음식을 원한다면 "그건 지금 먹기엔 몸에 좋지 않아."라고 분명히 알려 줄 필요도 있습니다.

○ "내 입에 무언가 들어왔어!"
자기 손으로 집어서 입에 넣기

아기에게는 스스로 음식을 집어서 입에 넣어 보는 권리가 주어져야 합니다. 이는 부모의 간섭 없이 아기가 자신의 신체와 감각을 자유롭게 사용하는 소중한 기회입니다. 아기의 몸과 주변이 다소 지저분해질 수 있지만 그 또한 아기의 자연스러운 발달 과정의 일부입니다.

이때 부모가 아기의 몸을 어떻게 다루느냐는 아기가 자라면서 자신의 신체를 어떻게 인식하고 받아들일지에 영향을 미치는 중요한 요소가 됩니다. 음식을 지저분하게 먹는다고 해서 곧바로 닦아 주거나 "지저분해!" 같은 부정적인 표현을 반복하면 아기는 자신의 몸에 대해 부정적인 감정을 내면화할 수 있습니다. 너무 어린 시기부터 지나치게 청결을 강요하는 건 아기가 자기 몸을 자연스럽고 편안하게 받아들이기 어렵게 만듭니다.

심리학자 에릭 에릭슨은 부모가 아기의 몸을 지나치게 간섭하거나 통제하면 아기는 자신의 몸을 스스로 조절할 기회를 잃고, 그 결과 성장 과정에서 자기 몸에 대해 불안해하거나 수치심을 느끼게 될 수 있다고 경고했습니다. 따라서 부모는 아기가 음식을 바라보고, 냄새를 맡고, 손으로 집어 입에 넣는 모든 과정을 하나의 감각적 경험으로 이해해야 합니다. 아기는 자기 손으로 음식을 집어서 먹는 경험을 통해 자신이 무언가를 해냈다는 성취감을 느끼고, 선택하고 결정하는 힘을 키우며, 자신의 행동에 의미와 가치를 부여하는 법을 배웁니다.

요즘 아기들에게 부족한 것은 다양한 장남감이나 먹을 음식이 아니라 스스로 선택하고 책임감을 갖고 행동해 볼 기회입니다. 아기가 자기 손으로 직접 선택하고 주체적으로 행동하면서 책임감을 배울 수 있도록 부모가 충분히 믿고 기다려 주는 태도가 필요합니다.

부모의 잘못된 행동과 말실수 2가지

① "이거 먹어 봐, 맛있어!"

아기가 음식을 먹는 모습을 관찰해 보면 스스로 음식을 선택하고 탐색할 때 깊은 집중력을 발휘하는 모습을 발견할 수 있습니다. 이때 부모가 "이거 먹어 봐!", "저거 맛있어!" 같은 말로 개입하면 아기의 주의력과 집중력이 흐트러질 수 있습니다.

부모가 해야 할 일은 간단합니다. 아기가 어떤 음식에 관심을 보이는지 가만히 지켜봐 주면 됩니다. 아기가 음식에 손을 뻗고, 집어서 냄새를 맡고, 입에 넣어 맛을 음미하는 모든 과정에서 부모는 방해하지 않고 옆에서 존재해 주는 것이 가장 좋습니다.

　아기가 음식을 집어 부모에게 보여 주듯이 손을 내밀면 "호박을 잡고 있네! 그건 연두색 호박이야." 하고 아기의 행동을 다정하게 묘사하거나 음식을 설명해 주는 정도면 충분합니다. 이런 태도야말로 아기의 집중력을 보호하고 주도성을 존중하는 가장 효과적인 방법입니다.

② "엄마가 주는 거 한 번만 더 먹자."

　부모는 열심히 준비한 이유식을 아기가 다 먹을 때 뿌듯함을 느낍니다. 그러나 한 그릇 뚝딱 비우도록 강요하지 않아야 합니다. 남긴 음식을 보면서 한숨 쉬고 표정이 굳어진다거나 "조금만 더 먹자."라고 말하는 것도 주의해야 할 행동입니다. 부모는 아기가 잘 먹는 모습을 보며 안도감을 느끼고 더 먹이려는 마음이 앞서기 쉽습니다. 하지만 이런 감정이 종종 말과 표정에 스며들어 아기에게 부담으로 전달됩니다.

　실제로 아기는 어른보다 자신이 먹어야 할 음식의 양을 더 정확하게 인식한다고 합니다. 영양 측면에서 아기에게 필요한 표준 음식량은 대략 아기가 그릇에 가져간 음식의 절반 정도라고 봐도 무방합니다. 부모가 먹기를 기대하는 음식량과는 상당한 거리가 있지요.

　아기에게 "너는 아직 무엇을 먹어야 할지 잘 모르니까 엄마가 정할게."라거나 "엄마가 주는 대로 먹어야지!"라는 메시지를 주고 싶은 부모는 없을 겁니다. 아기가 그만 먹겠다고 하는 이유는 단순한 고집이나 투정이 아니라 정말로 느끼고 있는 감정을 표현하는 것이므로 아기의 행동과 감정을 알아차려 주어야 합니다.

SOS! 소장님 도와주세요

이유식을 먹다가
헛구역질을 한다면?

이유식 중기에 접어들어 아기가 스스로 음식을 입에 넣기 시작하면 한 번에 많이 넣었다가 다시 뱉어 내기도 합니다. 숟가락을 입안 깊숙이 잘못 넣어 구역질을 하거나 눈물을 글썽이며 울음을 터뜨리는 경우도 흔합니다. 음식을 입안에 넣고 오물오물 씹다가 뱉은 것을 다시 먹기도 하지요. 이 과정을 통해 아기는 음식의 양, 속도, 삼키는 타이밍을 스스로 조절하는 방법을 조금씩 배웁니다.

아기가 갑작스럽게 '으윽' 하고 헛구역질을 할 때 부모가 깜짝 놀라는 것도 당연한 일입니다. 실제로 한 엄마는 제게 이런 경험담을 들려주기도 했어요.

> "아기가 당근을 먹다가 갑자기 구역질을 했어요. 깜짝 놀라서 하임리히법을 급히 시도했지요. 물론 아기도 순간적으로 당황해서 울었고요. 당시에는 정말 아찔했지만 아기가 아직 먹는 게 서툴러서 구역질할 수 있다는 걸 이해하고 나니 한결 마음이 놓이더라고요. 그 후로는 아기가 음식을 먹다가 구역질을 해도 훨씬 침착하게 대처할 수 있게 됐어요."

생후 초기에는 혀뿌리 근처에 위치해 있던 구역질 반사가 이유식 중기에는 점차 후방으로 이동하며 감각 조절력을 키워 갑니다. 구역질 반사는 아기가 음식의 양과 위치를 인지하고 조절하는 능력을 발달시키는 데 있어 매우 중요한 과정이며, 질식과 구분되는 자연스러운 반사 반응입니다. 부모가 놀라거나 불안해하는 감정을 조절하고 먼저 아기가 숨을 잘 쉬고 있는지를 관찰하는 것이 가장 중요합니다.

아기가 시행착오를 통해 먹는 기술을 익히는 동안 부모는 '정서적 안전기지'emotional safe base로서의 역할을 해야 합니다. 지나친 개입보다는 아기가 스스로 조절할 시간을 주세요. 위급 상황이 아님을 확인한 후에는 부드럽고 확신 있는 표정과 언어로 "괜찮아, 다시 해보자!"라고 말해 주면 됩니다. 이는 아기의 섭식 자기 조절력과 감각적 안정성을 형성하는 데 큰 도움이 됩니다.

이유식 말기

먹을 양을 스스로 조절하고 자신감을 쌓는 시기

아기가 스스로 음식을 골라서 자기 손으로 입에 넣는 경험만큼이나 배불러서 멈추는 경험 역시 큰 의미가 있습니다. 이유식을 시작할 때 아기에게 "지금 배고프니?"라고 물어보고 식사를 마칠 때는 "이제 배부르니?"라는 질문으로 마무리해 보세요.

이유식 말기가 되면 아기의 감각도 더욱 섬세해지고 신체 발달과 함께 다양한 음식과 간식을 접하게 됩니다. 이 시기에 부모는 아기가 올바른 식습관을 형성할 수 있도록 환경을 조성해 주어야 합니다. 이를 위해 수유 시기처럼 이유식 시간에 아기에게 말을 걸어 주세요. 부모의 말은 아기에게 자신의 감각을 신뢰하고 먹는 행동에 자신감을 갖게 합니다.

먹는 자신감을 키우는 말
"이제 배부르구나? 맛은 어땠어?"

배고픔을 느껴서 먹고 배부름을 느껴서 멈추는, 스스로 조절하는 이유식 과정은 아기가 자신의 몸과 마음을 믿고 이해하고 친해지는 소중한 시간입니다. 배부름을 느끼고 스스로 식사를 멈추는 경험을 통해 아기는 앞으로 살아가면서도 내면의 목소리에 귀 기울이고 자기 몸을 돌볼 수 있는 건강한 습관을 기르게 됩니다.

반면 아기가 스스로 배고픔과 포만감을 인식하지 못하면 어떻게 될까요? 식사 간격이나 양을 조절하지 못하고 습관적으로 소량의 음식을 자주 먹게 됩니다. 그 결과 빨기, 깨물기, 씹기 같은 필수적인 구강 운동을 충분히 연습할 기회를 놓치게 되지요. 이처럼 아기가 느끼는 배고픔은 성인이 느끼는 것과는 본질적으로 다른 기능을 합니다.

이유식 말기에 부모가 해야 할 일은 더 많이 먹이려는 노력이 아닌 아기 스스로 배고픔과 포만감을 느끼고 조절할 수 있도록 환경을 조성하고 지켜보는 것입니다. 매일 먹는 양에 집착하기보다는 일주일 정도 시간을 두고 아기가 어떤 음식을 먹는지, 얼마나 다양한 음식을 경험하는지 관찰하는 것이 바람직합니다.

아기의 배고픔과 포만감은 모두 아기 내면에서 일어나는 감각입니다. 이때 부모의 가장 좋은 태도는 아기가 표현하는 내면의 신호를 존중하고 따뜻하게 받아들여 주는 것입니다. 아기가 이유식을 먹다가 그만 먹고 싶다는 신호를 보내면 그 순간을 부모가 잘 알아차려 주세요. 아기가 먹는 것을 멈추고 그릇을 밀어내거나 자리에서 일어나려 할 때는 이제 식사를 끝내고 싶다는 의미입니다. 음식을 바닥에 던지거나 컵을 뒤집으면서 놀기 시작한다면 이제 먹는 것보다 놀이에 더 관심이 생겼다는 뜻이므로 식사를 마무리하는 것이 좋습니다.

반면 부모가 억지로 한 숟가락 더 먹이거나 그릇을 비우도록 강요하면 식사 시간은 즐거움이 아니라 압박과 스트레스로 남게 됩니다. 아기가 식사를 하는 동안 편안하고 긍정적인 감정을 느끼게 도와주는 것이 부모의 역할입니다. 긍정적인 경험을 통해 아기는 자신감을 얻고 독립적으로 성장할 수 있습니다.

부모는 아기가 스스로 표현하는 감정과 생각을 편견 없이 들어

"내 손으로 다 먹을 수 있어!"

주어야 합니다. 배고픔과 포만감이 존중받는 경험은 아기가 자신의 내면과 더 깊이 연결되는 중요한 성장의 순간입니다. 아기의 내면을 존중하고 지지하는 태도를 유지한다면 먹는 자신감을 얻게 되고 성장하는 동안 다른 영역에서도 긍정적이고 자신 있게 도전하는 태도를 형성하게 될 겁니다.

먹는 자신감을 낮추는 말
"안 먹으면 다음 간식은 없어!"

부모가 아기에게 해줄 수 있는 가장 중요한 일 중 하나는 건강하고 좋은 식재료를 준비하는 것입니다. 그리고 준비한 음식을 아기가 잘 먹을 수 있도록 환경을 만들어 줘야겠지요.

하루는 아기가 잘 먹지 않아서 속상하다는 엄마가 상담을 요청했습니다. 열심히 이유식을 준비해서 식탁에 차려 줘도 아기는 이유식에 관심을 보이지 않고 자꾸만 몸을 돌린다는 고민이었습니다. 아기가 이유식 전에 무엇을 먹었는지 물어보니 식사 1시간 전에 작은 과자 하나와 블루베리 세 알을 먹었다고 했습니다. 아기가 간식을 더 먹고 싶어 했지만 곧 이유식 먹을 시간이니 안 주었다는 말도 덧붙였습니다.

"간식을 조금 줬으니까 이유식 먹을 시간에는 배고파야 하지 않나요? 배고프니 잘 먹을 거라고 생각했는데, 아니었어요."

아기는 배가 부르지 않지만 배가 고프지도 않을 수 있습니다. 이처럼 작은 간식 하나가 식사 시간에 이유식을 거절하는 이유가 되기도 합니다. 부모가 식사와 식사 사이에 간식을 제한해서 아기가 자연스럽게 배고픔을 느끼고 스스로 식사에 집중할 수 있게 환경을 만들어 주는 것이 중요합니다.

이는 감정 코칭형 양육(100쪽 참고)과도 연결됩니다. 독재적으로 아기를 통제하거나 지나치게 허용적으로 모든 것을 받아 주는 것이 아니라 분명한 한계를 설정하되 아기의 자발적인 결정과 내면의 감각을 존중하는 양육 방식입니다.

" 엄마는 네가 맛있게 먹었으면 좋겠어.
스스로 배고픔을 느끼고
식사 시간에 즐겁게 먹을 수 있도록
간식은 식사 마치고 먹자."

이런 태도가 진정한 의미에서 권위를 가진 부모의 모습입니다. 아기가 원하는 대로 허용하거나 강압적으로 먹이는 게 아니라 아기를 존중하되 분명한 한계를 설정할 필요가 있습니다.

음식이 수단이 되는 말
"주사 잘 참았으니까 젤리 두 개 줄게"

아기가 병원에서 예방 접종을 하거나 힘든 경험을 한 후 비타민 사탕 같은 간식을 보상으로 주고 싶은 마음이 듭니다. 저도 손주들이 저희 집에 오면 달콤한 초콜릿이나 아이스크림같이 아기들이 순간적으로 행복한 반응을 보이는 간식을 주고 싶은 마음이 굴뚝같습니다. 이런 마음이 드는 건 너무나 자연스러운 것이지요.

하지만 아기가 힘든 일을 겪은 후 달콤한 음식을 제공하는 행위는 보상으로 연결되어 아기의 식습관에 부정적인 영향을 미칩니다. 무의식적으로 '먹는 것은 마음을 위로받기 위한 수단'으로 학습하게 되는 것이지요. 이는 음식 본연의 즐거움과 건강한 경험과는 거리가 멀어지고 오히려 힘든 감정에서 벗어나기 위한 수단으로 음식을 찾는 습관으로 발전될 위험이 있습니다.

영국 소아과 의사이자 정신분석가 도널드 위니콧Donald Winnicott은 "진정한 만족감은 타인이 정한 조건에 따라오는 보상이 아니라 자기 스스로 자연스러운 욕구가 충족될 때 일어난다."라고 말했습니다. 아기가 느끼는 진짜 기쁨과 만족은 외부의 보상에서 얻기보다 아기 스스로 느끼는 내면의 욕구와 감각에서 출발해야 한다는 의미입니다.

아기가 힘든 상황을 견딘 후 부모가 제공할 수 있는 가장 훌륭

한 보상은 다름 아닌 따뜻한 공감과 정서적 지지입니다. 아기가 느낀 감정을 충분히 인정해 주고 어려움을 견뎌 낸 노력을 진심으로 알아주는 말과 따뜻한 포옹이 비타민 사탕과 초콜릿보다 훨씬 깊은 의미와 가치를 지닙니다.

"오늘 병원에서 정말 잘 견뎠구나.
두려웠을 텐데 참 용감했어."
"주사 맞고도 울지 않고 참았네.
엄마가 안아 줄게."

아기의 이유식 '거부'에 상처받았다면

아기가 이유식을 시작하면 부모는 건강한 재료를 골라 정성을 다해서 음식을 준비합니다. 하지만 준비한 이유식을 아기가 먹지 않을 때 부모의 마음에는 많은 감정이 올라옵니다.

'내 노력이 부족한가?'
'내가 부모로서 충분하지 않은 걸까?'

이런 생각을 하기 시작하면 속상함과 무력감이 밀려오고 심지어 순간적으로 짜증이 나기도 합니다. 자신의 모습에 죄책감을 느끼며 마음이 더 복잡해지기도 하지요. 이런 마음이 들 때는 내가 사용하고 있는 단어가 무엇인지 점검해 보세요. 혹시 아기가 '거부'했다고 생각하나요? 어째서 '거부'라는 표현은 부모의 마음을 힘들게 할까요?

거부라는 단어는 부모가 정성을 다해 준비한 음식을 아기가 강하게 밀쳐 내거나 전혀 받아들이지 않는 듯한 느낌을 줍니다. 그래서 부모는 마치 자신의 노력과 사랑까지 온전히 부정당하는 듯한 기분을 느끼게 됩니다. 아기의 행동을 거부로 받아들이면 부모의 마음은 쉽게 상처받고 지칠 수 있습니다.

아기가 이유식을 여러 번 반복해서 거부하는 상황이 이어지면 노력이 통하지 않는 것 같은 무기력한 감정이 듭니다. 이런 감정은 비판적인 생각으로 이어져 신경이 날카로워지고, 뜻대로 되지 않는 상황에서 순간적으로 짜증이나 분노가 올라오기도 합니다. 짜증을 내는 자신이 초라해 보이고, 낮에 짜증을 낸 자신의 모습에 죄책감이 밀려들면서 어디서부터 어떻게 해야 할지 막막한 느낌이 들 수도 있지요.

이럴 때 표현을 바꿔 보면 어떨까요? 바로 '거절'이라는 단어입니다. 거절이라는 표현은 아기가 지금 이유식을 먹고 싶지 않다는 현재의 기분이나 상태를 표현하는 의미를 담고 있습니다. 즉, 아기의 행동을 부모에 대한 부정이나 거부가 아니라 그저 자연스러운 선택이나 표현으로 받아들일 수 있게 합니다. 이렇게 생각하면 부모의 마음도 한결 편안해지면서 상황을 객관적으로 바라볼 수 있게 됩니다.

'브로콜리가 맛이 없나 봐.
지금은 다른 음식이 먹고 싶은 걸까?'

아기의 거절은 부모의 노력이나 능력에 대한 부정이 아니라 자연스럽고 순간적인 선택으로 여겨지기 때문에 죄책감이나 자기비판도 크게 줄어듭니다. 아기의 신호를 읽고 공감하게 되면서 부드럽고 여유로운 태도로 반응해 줄 수 있습니다. 미소를 지으며 아기를 바라보고 편안한 목소리로 말할 수 있는 힘이 생깁니다. 그러면서 다양한 방식으로 이유식 환경을 바꿔 보거나 재료의 질감이나 음식의 온도를 바꿀 여유도 생기지요.

육아에서 '거부'라는 표현을 '거절'로 바꾸는 등 단어 선택이나 상황에 대한 다른 해석으로 부모의 마음을 바꿀 수 있습니다. 아기의 거절을 자율성과 독립성을 키우는 자연스러운 성장 과정으로 바라볼 수 있으므로 부모는 훨씬 편안하고 긍정적인 마음으로 아기와 이유식을 할 수 있습니다.

   부모의 진심과 사랑도 어떤 단어를 사용해 어떻게 표현하느냐에 따라 달라질 수 있다는 것을 인지하고 좀 더 긍정적인 표현으로 이유식하는 아기와 상호 작용해 보는 것은 어떨까요?

이유식 거절하는 아기와 상호 작용하기

아기의 조그마한 뇌 속에는 섬엽 insula 이라는 특별한 부위가 있습니다. 이곳은 맛과 냄새 같은 감각을 느끼고 기쁨이나 불편감 같은 다양한 감정을 처리하는 역할을 합니다. 아기가 어떤 음식을 거절한다면 단순히 편식이 아니라 그 음식을 감각적으로 불쾌하거나 정서적으로 위협적이게 느낀 결과일 수 있다는 의심을 해봐야 합니다.

이 상황에서 부모가 아기의 감정을 무시하거나 먹기를 강요하면 아기는 먹는 경험 자체를 점점 더 불편하고 스트레스 받는 일로 인식하게 됩니다. 그렇다면 아기가 이유식을 거절할 때 부모는 어떻게 대응해야 할까요?

두 가지 경우를 구분해서 생각해 봐야 합니다. 첫째, 지금의 행동이 진짜 이유식 거절인지 아니면 부모가 거절이라고 받아들인 건 아닌지 파악해야 합니다. 둘째, 이유식 거절이 타당한 상황인지 아니면 부모가 경계하고 거절해야 할 행동인지 판단해야 합니다.

정말 이유식을 거절하는 행동일까? 아기의 행동 해석하기

거절을 비롯한 아기의 행동에는 늘 양면성이 존재합니다. 싸움, 다툼, 경쟁 등 부정적인 측면으로 보면 혼란스럽고 마음이 분주하고 불편합니다. 반면 협상을 배우고, 문제를 해결하고, 자기 감정을 느끼고 조절하는 긍정적인 측면으로 보면 아기가 무슨 행동을 어떻게 하는지 관찰하게 됩니다. 그 후 도움을 주어야 할지, 아니면 스스로 문제를 해결하는 데 시간과 경험이 필요한지 열린 마음으로 해석할 수 있게 됩니다. 부모는 긍정적으로 볼 수 있는 눈과 마음의 시력을 향상시킬 필요가 있습니다.

두 가지 측면을 함께 보지 못하는 이유는 부모가 중립적으로 인식하지 못하기 때문입니다. 아기가 이유식을 먹으면서 숟가락을 던진다면 장난치는 모습으로 보일 수 있지만 한편으로 '의자에 앉아서 숟가락을 놓았을 때 떨어지는 느낌이 신기한가 보다'라고 느낄 수도 있습니다. 지금까지 어느 방향으로 해석을 해왔나요?

저도 사람들과 관계를 맺으며 살다 보면 가끔 마음이 좁아질 때가 있습니다. 누군가를 향해 미운 마음이 들기도 하고, 작은 일에 괜히 속좁은 생각을 하기도 합니다. 그런데 이상하게도 그런 마음을 품고 행동하면 마음 깊은 곳에서 아픔과 불편감이 느껴집니다. 마치 스스로 작고 초라해지는 듯한 느낌이 들면서 말이에요. 그래서 저는 그런 순간이 찾아올 때마다 제 마음을 천천히 들여다봅니다. 의식적으로 따뜻하고 넉넉한 마음을 가지려 노력하지요. 누군가에게 너그러운 말을 건네고, 좀 더 여유롭게 행동하고, 마음을 더 넓게 쓰려고 합니다.

그러면 놀랍게도 제 몸과 마음이 편안해집니다. 그런 평온함이 참 좋아서 제 몸과 마음이 진정으로 원하는 방향으로 생각하고 행동하며 사람들과 관계를 맺으려고 노력합니다. 마음을 의식적으로 좋은 방향으로 해석하려고 하면 결국 나 자신이 가장 큰 행복을 얻는다는 것을 매일 조금씩 배워 가고 있습니다.

부모도 마찬가지입니다. 해석하는 것은 부모 고유의 생각인데 그 상황에서 나에게 안정을 주는 해석이 어떤 것인지 생각해 보고 인지하는 것이 필요합니다. 거칠게 말하고 부정적인 방향으로 생각하고 판단하면 마음이 혼란스럽고 분주하고 불편해집니다. 반면 내면의 사랑과 선함이 살아나도록 행동하고 생각하고 마음을 쓰면 가치 있는 느낌이 듭니다. 내가 어떤 행동을 할 때, 부모로서 어떤 생각을 할 때 내 마음이 편안하고 안정되는지 느껴 보세요. 부모가 좋은 방향으로 말하고, 행동하고, 생각하면 아기의 행동에서도 긍정적인 측면을 발견하게 됩니다.

타당한 거절일까?
아기의 이유식 거절을 거절하기

아기와 진정한 소통을 하려면 아기의 이야기를 어떻게 들어야 할까요? 먼저 아기의 시선과 마음으로 상황을 이해하는 연습이 필요합니다. 또 가족 구성원 간의 경계를 명확히 설정하고, 가족이라는 울타리가 주는 소속감과 안정감을 전달하는 기술을 익혀야 합니다. 존 가트맨은 이를 '양육은 기술'이라고 말했습니다. 부모는 건강한 한계와 경계라는 양육의 기술을 가지고 아기가 올바른 방향으로 가도록 도울 책임이 있습니다. 아기가 그 경계 안에서 자유롭게 자기 인생을 탐색하고 경험하며 살아갈 수 있도록 지원해야 합니다.

아기가 이유식을 거절할 때 경계를 설정하는 건, 아기에게 먹기 싫다고 거절할 권리가 있듯이 부모도 아기에게 거절할 권리가 있다는 의미입니다. 아기의 거절을 거절해도 됩니다. 이것이 한계

설정이고 경계를 만들어 주는 것입니다. 부모도 때로는 아기에게 거절할 수 있어야 하는 이유는 아기가 건강하고 바람직한 한계를 배우고 이해하도록 돕기 위해서입니다. 아기가 원하는 것을 무조건 허락하거나 받아들이는 것이 아기에게 오히려 혼란을 줄 수 있습니다. 그렇다면 부모가 아기의 요구를 거절해야 할 때는 언제일까요?

① 식사 시간이 아닌데 음식을 요구할 때

식사 시간이 아닌데 아기가 갑자기 이유식을 먹겠다고 요구한다면 부모는 분명하고 친절하게 거절해야 합니다. 이는 아기에게 규칙과 한계를 알려 주는 것이며 아기가 앞으로 상황에 맞게 행동할 수 있도록 돕는 중요한 교육입니다. '지금은 안 된다'는 규칙을 명확히 전달하되 아기의 배고픔이나 감정은 인정하며 다음 기회를 예고해 주면 아기가 덜 불안해합니다.

"지금은 밥 먹는 시간이 아니야.
우리 밥 먹는 시간에 같이 맛있게 먹자."

② 다시 먹겠다고 할 때

아기가 식탁에서 이유식을 거절하고 의자에서 내려온 뒤 얼마 지나지 않아 다시 먹겠다고 하는 경우가 있습니다. 이때 부모는 곧바로 음식을 다시 제공하지 말고 '식사는 정해진 시간과 장소에서 이루어진다'는 기본 원칙을 부드럽고 일관되게 알려 주는 것이 중요합니다.

"식탁에 앉아서 먹는 거야. 다시 자리에 앉자."

공간의 규칙을 자연스럽게 전달하면 아기는 '언제 어디서 먹는지'에 대한 원칙을 배우게 됩니다. 또한 자신의 행동이 식사에 어떤 결과를 가져오는지 경험을 통해 체득할 수 있습니다. 처음에는 아기가 울거나 떼를 쓸 수 있지만 이때 부모의 태도가 흔들리지 않고 일관성을 유지하는 것이 핵심입니다. 완전한 거절이 아니라 다시 식탁에 앉으면 먹을 수 있다는 선택지를 주면 됩니다.

③ 간식을 요구할 때

아기가 이유식을 거절한 후 과일이나 간식을 달라고 요구하는 경우 부모는 아기의 감정을 공감하되 일관되게 거절할 필요가 있습니다. 이것은 단순한 거절이 아니라 삶의 질서와 식사 구조를 알려 주는 기회입니다.

"먹고 싶구나. 그런데 과일은 밥을
다 먹은 다음에 먹는 거야."
"밥을 먹지 않고 과일만 먹을 수는 없어.
밥을 먹으면 과일도 먹을 수 있어."

이런 말은 아기에게 '지금은 아니지만 나중에 가능해'라는 시간 구조와 행동 결과를 이해시키는 설득력이 있습니다. 부모가 아기의 모든 요구를 즉각적으로 들어주지 않고 부드럽지만 단호하게 기준을 지킬 때 아기는 처음에는 울거나 화를 낼 수 있지만 반복을 통해 배워 갑니다. 이런 과정을 통해서 아기는 점차 건강하고 안정된 식사 습관의 기초를 다져 나가게 됩니다.

'식사에도 순서가 있구나.'

`SOS! 소장님 도와주세요`

이유식을 거절하는 아기의 행동 대처법

상황1: 안 먹겠다고 입을 꾹 다문 아기

아기가 까다롭게 먹는 것은 일반적인 일입니다. 스스로 식욕을 조절할 수 있는 경험을 해야 먹는 감각과 세상을 보는 감각이 생깁니다. 까다롭게 먹어도 '너에게 그럴 만한 이유가 있을 거야'라고 긍정적으로 반응해 주세요. 아기는 따스함과 위안 그리고 안전과 보호를 경험하게 됩니다.

• **아쉬운 반응** •
"왜 이렇게 말을 안 듣니? 빨리 입 벌려!"
"자꾸 입 다물고 고집부리면 네가 좋아하는 과일 안 줄 거야."
"엄마가 이렇게 애쓰는데 왜 협조를 안 해?"

• **좋은 반응** •
"지금은 먹고 싶지 않구나? 천천히 해도 돼."
"입 다물고 있는 거 보니 배가 별로 안 고프구나?"
"괜찮아, 네가 먹고 싶을 때 다시 먹으면 돼."
"엄마는 기다릴 수 있어. 네 마음을 알려 줘."

상황2: 지저분하게 먹는 아기

아기는 자신의 손과 입으로 음식을 탐색하고 배워 가는 중입니다. 스스로 먹으려는 의지와 용기를 가지고 세상을 배우는 소중한 신호라고 이해해 주세요. 통제되지 않은 탐색의 시간 속에서 아기는 자기 몸과 감각, 행동을 연결 짓는 내적 언어를 배우게 될 거예요.

● **아쉬운 반응** ●

"또 흘렸어? 정말 못 살겠다."
"엄마가 치우느라 힘들어 죽겠어."
"한 번이라도 깨끗하게 먹으면 안 돼?"
"누굴 닮아서 이렇게 지저분한지 몰라."
"제발 제대로 좀 먹어. 밥 먹는 것도 스트레스다."

● **좋은 반응** ●

"음식 만져 보니까 느낌이 어때? 부드럽지?"
"아직 익숙하지 않아서 흘리는 거야. 엄마가 치우면 되니까 편하게 먹어."
"이렇게 하면서 스스로 먹는 법을 배우는 거야."
"스스로 먹으려고 노력해 줘서 고마워!"
"직접 먹으려고 노력하니까 엄마는 기특하고 좋아."

스스로 먹을 수 있게 기다려 주세요!

상황3: 숟가락을 떨어뜨리는 아기

숟가락이 떨어졌을 때 실수인지 놀이인지 구분해야 합니다. 아기가 놀이로 떨어뜨린 거라면 반응하지 말고 모른 척하세요. 그리고 숟가락은 음식을 먹을 때 사용하는 도구라고 가르쳐 주기 위해 부모가 사용하는 모습을 보여주세요. 떨어뜨렸을 때 바로 주워 주면 놀이로 오해할 수 있으므로 놀이로 떨어뜨린다고 판단이 되면 놀이 시간에 다른 도구로 떨어뜨리는 놀이를 해보세요.

● **아쉬운 반응** ●

(숟가락을 빼앗으며) "왜 자꾸 떨어뜨려!"
"자꾸 떨어뜨리면 숟가락 안 준다!"
"숟가락 한 번 더 떨어뜨려 봐, 진짜 혼날 줄 알아!"

● **좋은 반응** ●

"숟가락이 떨어졌네? 엄마가 주워 줄게."
"아직 손힘이 약해서 숟가락이 떨어질 수 있어."
"숟가락은 떨어질 때 짤랑짤랑 소리가 나지!"

상황4: 적게 먹는 아기

아기가 자신의 몸과 감각이 보내는 신호를 느끼고 표현하면 따뜻하게 수용해 주세요. 이해받는 경험을 통해 '내가 결정하고 선택해도 괜찮구나' 하는 자율성과 신뢰를 배우는 시간이 됩니다.

● **아쉬운 반응** ●

"이것밖에 안 먹을 거야? 왜 이렇게 조금 먹니?"
"이렇게 안 먹으면 키 안 큰다!"
"힘들게 준비했는데 왜 안 먹는 거야?"
"안 먹으면 이제 밥 안 만들어 줄 거야!"

● 좋은 반응 ●

"배부른가 보네? 다음엔 또 맛있게 먹어 보자!"
"네가 원하는 만큼 먹는 거야. 네 몸이 잘 알고 있을 거야."
"지금 배가 덜 고픈가 봐. 나중에 더 먹고 싶을 때 먹자!"
"천천히 먹고 싶은 만큼만 먹어. 엄마가 기다려 줄게."

상황5: 먹고 싶은 것만 먹는 아기

아기가 먹고 싶은 것만 먹을 때 편식한다고 걱정하기보다 자신이 무엇을 좋아하는지 정확히 표현하는 자율성 발달의 신호라고 긍정적으로 생각해 주세요. 싫어하는 음식을 끝까지 안 먹으면 10회 이상 준비해서 보여주는 노력이 필요합니다.

● 아쉬운 반응 ●

"왜 매번 좋아하는 것만 먹니?"
"편식하면 키 안 크고 건강도 나빠져."
"제발 골고루 먹어라, 속상해 죽겠네!"

● 좋은 반응 ●

"네가 좋아하는 걸 확실히 알고 있구나!"
"다른 음식은 어떤 맛일지 궁금하지 않아?"
"엄마는 네가 새로운 음식도 맛있게 먹어 보는 모습이 기대돼."
"내일은 다른 음식에도 도전해 볼까?"

에필로그

함께 먹는다는 것은
함께 살아간다는 것

수유를 시작하던 첫날, 아기의 입술이 엄마의 몸을 찾아온 순간을 기억하나요? 젖 한 방울이 얼마나 귀하고 벅찼던지, 서툴고 느리고 때론 불안했지만 그 속에서 아기와 엄마는 조금씩 연결되고 있었습니다.

이유식을 시작하던 날도 그랬습니다. 처음 숟가락을 들고 아기의 눈을 바라보던 그 떨림. '이걸 먹을까?', '이건 싫다고 할까?' 끊임없는 질문에서도 부모는 또 하나의 질문을 던집니다.

"이 순간 아기를 믿어도 될까?"

수유와 이유식은 영양만의 문제가 아닙니다. 이 여정은 부모와 아기가 서로의 언어를 만들어 가는 삶의 대화이자 관계의 구조를 쌓아 올리는 가장 본질적인 만남입니다. 아기의 배를 채우는 동시에 부모는 아기의 신호를 해석하려 애쓰고, 감정과 기대, 두려움과 믿음을 매일 조금씩 배워 갑니다.

아기가 오늘 조금밖에 먹지 않더라도, 수유 과정이 어느 날에는 삐걱거리더라도 그 순간의 온기, 눈빛, 기다림은 모두 아기에게 전해집니다. 이 책에서 말하고자 한 것은 무엇을, 얼마나, 어떻게 먹였느냐보다 '그 시간을 어떻게 함께했는가'입니다. 아기는 부모와 함께 먹고, 느끼고, 신뢰하며 성장하니까요.

양육의 결과는 학벌이나 직업이 아닙니다. 성장한 자녀가 자신의 삶을 기쁨으로 채울 수 있는 힘, 어려운 상황에서 다시 일어설 수 있는 회복의 힘, 비교하지 않고 나답게 살아갈 수 있는 건강한 내면의 힘을 갖추도록 물과 햇빛을 주는 것이 양육입니다. 수유와 이유식을 하면서 쌓아 온 신뢰와 관계는 계속 아이의 몸과 마음속에 남아 있을 것입니다.

이 책이 모든 부모에게 정답을 주기보다 부모만의 '기준'을 찾도록 도와주는 나침반이 되었기를 바랍니다. 함께 먹는다는 것은 결국 함께 살아간다는 것입니다. 오늘도 누군가의 엄마, 누군가의 아빠로서 서툴지만 성실하게 걸어가는 모든 부모의 걸음에 이 책이 잠시 머물러 따뜻한 쉼이 되었기를 진심으로 바랍니다.